Carl Franz Müller
Die letzten Tage Ludwigs II.

SEVERUS Verlag

Müller, Carl Franz: Die letzten Tage Ludwigs II. Der letzte Bericht eines Augenzeugen.
2013
Neuauflage der Ausgabe von 1929
ISBN: 978-3-86347-750-9

Umschlaggestaltung: SEVERUS Verlag

Bibliografische Information der Deutschen Nationalbibliothek: Die Deutsche Nationalbibliothek verzeichnet diese Publikation in der Deutschen Nationalbibliografie; detaillierte bibliografische Daten sind im Internet über https://dnb.de abrufbar.

Der SEVERUS Verlag ist ein Imprint der Bedey & Thoms Media GmbH,
Hermannstal 119k, 22119 Hamburg

SEVERUS Verlag, 2013
http://www.severus-verlag.de
Gedruckt in Deutschland
Der SEVERUS Verlag übernimmt keine juristische Verantwortung oder irgendeine Haftung für evtl. fehlerhafte Angaben und deren Folgen.

Carl Franz Müller

Die letzten Tage Ludwigs II.
Der letzte Bericht eines Augenzeugen

MIX
Papier aus verantwortungsvollen Quellen
Paper from responsible sources
FSC® C105338

Die letzten Tage Ludwigs ll.

Nach eigenen Erlebnissen geschildert von Dr. med. Franz Carl Müller

1. Assistenzarzt der Kreis Irrenanstalt München, s. Z. diensttuender Arzt Seiner Majestät Königs Otto von Bayern, ehem. Assistenzarzt des Obermedizinalrats Dr. von Gudden Königliches Schloß Fürstenried, im November 1886

Wir sind der Überzeugung, daß es nie ein Zufall ist, wenn die Phantasie eines Volkes sich dauernd an eine bestimmte Persönlichkeit heftet. Das Volk irrt dabei im Einzelnen, verschiebt die Tatsachen und dichtet sie um; aber die geheimnisvolle Wünschelrute seiner Neigung schlägt niemals aus ohne tiefen Grund. Das gilt auch für König Ludwig II. von Bayern.

Wie weit scheint sein Leben heute schon zurückzuliegen. Und doch war er sieben Monate jünger als sein Vetter Ludwig III, der 26 Jahre nach seinem Tod, als sein zweiter Nachfolger, den bayerischen Thron bestieg und 1918 in der Revolution gestürzt wurde. Dem Menschenalter nach hätte Ludwig ll., ebensogut wie jener, unsere eigenen Zeiten, Weltkrieg und Umsturz erleben können – wie sein nur drei Jahre jüngerer Bruder Otto ja in der Tat erst 1916 gestorben ist. Das ist ihm erspart geblieben. In einem anderen Sinn lebt er in der Phantasie des Volkes als der letzte eigentliche bayerische König fort.

Unsere Leser finden im folgenden die gleichzeitigen Aufzeichnungen eines unmittelbar beteiligten Arztes über das Trauerspiel von 1886. Niemand, der auch nur die veröffentlichten Tatsachen kennt, kann zweifeln, daß dieser hochbegabte, einsame und stolze Jünglings-König bereits seit der Mitte der sechziger Jahre, d. h. seit seinem 21. Lebensjahre, von einem langsam fortschreitenden geistigen Leiden ergriffen war, daß seine traurigen Traumschlösser der phantastische Schauplatz eines jahrzehntelangen heroischen Kampfes gegen den Wahnsinn waren, ja daß sie selbst mit all ihren theatralischen Übertreibungen nichts anderes sind als verzweifelte Wehrburgen eines königlichen Kranken gegen ein unaufhaltsames Geschick.

Es gehört zum Schicksal dieses schönheitstrunkenen Romantikers, dem unter allen geistigen Neigungen die politischen am fernsten lagen und dem unter allen Kräften des Körpers nur die unerschütterliche Nervenstärke fehlte, welche die Leitung gefährdeter Staatswesen erfordert, daß gerade in sein Leben 1866 und 1870 die schwersten politischen Entscheidungen fielen, welche für den bayerischen Staat in dem ganzen Jahrhundert zwischen den napoleonischen Kriegen und dem Weltkrieg zu treffen waren. Er traf sie, nicht wie die patriotische Legende es dargestellt hat, sondern in Qualen und Verzweiflungen, die kein Gesunder ermessen kann, und dennoch aus dem hohen Idealismus seines Wesens, aus der intuitiven Sicherheit gegenüber allem Großen, die sein Gedächtnis wie sein Leben über das Dunkel einer trostlosen Krankheitsgeschichte erheben.

„Der Beste in den oberen Regionen ist noch immer der König", sagte Bismarck 1870 in Versailles, „aber der ist, wie es scheint, kränklich, phantastisch, und wer weiß, was noch geschieht." „Ich bin mit ihm", faßte er in den Gedanken und Erinnerungen später sein Urteil zusammen, „bis an sein Lebensende in günstigen Beziehungen und in verhältnismäßig regem brieflichem Verkehre geblieben, und habe dabei jederzeit von ihm den Eindruck eines geschäftlich klaren Regenten von national deutscher Gesinnung gehabt."

„Er ist leider so schön und geistvoll, seelenvoll und herrlich, daß ich fürchte, sein Leben müsse wie ein flüchtiger Göttertraum in dieser gemeinen Welt zerrinnen", schrieb Richard Wagner 1864 am Abend, nachdem er ihn zum ersten Mal gesehen hatte. „Von dem Zauber seines Auges können Sie sich keinen Begriff machen: wenn er nur leben bleibt; es ist ein zu unerhörtes Wunder." Er lebte lang genug, um Richard Wagner zu ermöglichen, den Tristan aufzuführen, die Meistersinger, den Ring des Nibelungen und Parsifal zu vollenden und Bayreuth zu gründen.

Wir glauben, die Zeugnisse der beiden größten Deutschen seiner Zeit werden ihre Kraft noch behalten, wenn alles andere, was über Ludwig II. geschrieben worden ist und noch geschrieben wird, längst verschollen sein wird oder in Bibliotheken verstaubt. Sie werden sein Andenken in der Geschichte bestimmen. Und wir glauben, daß sein Bild auch dann noch in den rätselvoll unzerstörbaren Sagen des Volkes fortleben wird, verwandelt und doch wie er im Innersten seines Wesens war: schön, edel und die Beute eines tragischen Geschickes.

K. A. v. M.

Vorwort

Die moderne Literatur, die sich so eingehend mit historischen Persönlichkeiten beschäftigt, hat Bayerns „Märchenkönig" Ludwig II. zu einer Art Favorit für Dichter und dichtende Geschichtsschreiber gemacht.

Dichterphantasie und fachlich nüchterne Historiendarstellung stehen sich freilich ab ovo feindlich gegenüber. Gerade über die näheren Einzelheiten des tragischen Endes Ludwigs ll. gehen die Ansichten der modernen Geschichtsliteraten bei scheinbar streng historischer Gewissenhaftigkeit bedenklich auseinander. Da aber an den allgemein bekannten Tatsachen im Grunde nicht zu rütteln ist, so zeitigen die romantischen Bearbeitungen zahlreiche dichterische Freiheiten. Unter Weglassung oder Hinzufügung wichtiger Einzelheiten stellen sie eine Tendenz heraus, die bei der unbestreitbaren Tragik der Tatsachen ungerechtfertigt erscheint.

Es dürfte daher nicht ohne Interesse und historische Bedeutung sein, diesen verschiedenen Auslegungen die Aufzeichnungen des einzig authentischen Augenzeugen und Fachmanns obendrein gegenüberzustellen, die Tagebuchblätter meines Vaters, des ärztlichen Begleiters Seiner Majestät des Königs, die in ihrer tendenzlosen Sachlichkeit wohl den erschöpfendsten Aufschluß gewähren.

Sie liegen in einer ersten, unmittelbar nach der Katastrophe niedergeschriebenen ausführlichen Fassung vor und in einer zweiten, die bei großenteils wörtlichen Übereinstimmung doch auf manche Einzelheiten verzichtet und mehr das Gesamtbild jener Tage festzuhalten strebt. Unser Text folgt im allgemeinen der ersten Fassung, der zweiten nur an den wenigen Stellen, wo diese klarer oder ausführlicher ist (S. 774, Z. 4-17, S. 775, Z.15-1 v. u., S. 778, Z. 3-7, Z. 17-27, S. 782, Z. 2 v. o. - 10 v. u., S. 782, Z. 2 v. u. - S. 783, Z. 8, S. 784, Z. 25-32, S. 786, Z. 17-23, S. 789, Z. 1-8). Auch sind eine Reihe von Stellen der zweiten Niederschrift eingefügt, die in der ersten keine Entsprechung haben: die auf Einzelheiten bezüglichen Stellen S. 777, Z. 29-33, S. 779, Z. 6-9, Z. 10-5 v. u., S. 785, Z. 6-16, und die ausführlicheren Betrachtungen S. 769, Z.1-S.772, Z.9, S. 780, Z. 15 v. u.-S. 781, Z.12, S. 786, Z.6 v. u. - S. 788, Z.13 v. u.

Wolfratshausen
Erich Müller

Über das tragische Ende König Ludwigs II. von Bayern und seines bedauernswerten Arztes sind in Wort und Schrift die verschiedensten Ansichten laut geworden. Besonders in Bayern gingen die Wogen der Erregung sehr hoch, und es war in den ersten Wochen, ja Monaten nach der Katastrophe für den unbeteiligten Beobachter kaum möglich, sich in dem auf- und abwogenden Strom der Ansichten ein festes Urteil zu bilden.

Ein Teil des Volkes hielt den König für gesund, und es gibt Leute, die heute noch fest daran glauben, daß er nicht krank gewesen sei. Der andere Teil verfiel in das Extrem und hielt ihn schon zu einer Zeit für wahnsinnig, wo er noch mit fester Hand sein Land regierte.

Während die einen sich in Bedauern darüber auflösten, daß man einen Mann von solchem Geist und solcher Größe vom Throne herab ins Irrenhaus versetzte, und sich in den feindseligsten Äußerungen gegen seine Ärzte ergingen, häuften die anderen Klage auf Klage darüber, daß man zu lange zugesehen und es geduldet, daß das Land jahrelang von einem Irren beherrscht wurde. Es war ein wirres Durcheinander von Stimmen und Ansichten, und wie es so im Leben zu gehen pflegt, gerade diejenigen fühlten sich am meisten dazu berufen, ihrem Urteil Geltung zu verschaffen, die kein solches besaßen.

Es ist auch für den Eingeweihten nicht leicht, König Ludwigs Charakter bis ins Einzelne zu begreifen, denn er ist ein Gemisch von geistiger Größe und geistigem Kranksein. Dieses Gewirr von Fäden zu lösen und zu beweisen, wo die Größe des Königs anfing krank zu werden, das wird niemandem gelingen. Seine Zurückgezogenheit wob einen mystischen Schleier um ihn, und als die Zeit gekommen war, wo der Irrenarzt sprechen mußte, da war der Krankheitsprozeß schon so entwickelt, daß ein Irren in der Diagnose undenkbar war. Freilich konnte der König noch zu gewissen Zeiten mit Aufgebot des ganzen Restes von Selbstbeherrschung sich vorübergehend aufraffen und, wenn es unabweisbar notwendig wurde, für kurze Zeit sogar offizielle Regierungsgeschäfte betätigen, aber er bedurfte Stunden und Tage, bis er sich zu dieser Höhe künstlich emporschraubte.

Der König litt an Paranoia. Es mag dieses Wort seinerzeit manchem gleich einem Buch mit sieben Siegeln erschienen sein, aber hätten die Irrenärzte damals statt des Fremdwortes die gleichbedeutenden deutschen Begriffe: Wahnsinn oder Verrücktheit gebraucht, so wäre dadurch doch nicht mehr Klarheit entstanden. Der Laie denkt anders als der Fachmann, er hat für Geisteskrankheiten nur ein Sammelwort und nennt jeden psychisch Gestörten verrückt oder wahnsinnig, ja, das letztere hat noch einen Beigeschmack, und unter einem Wahnsinnigen stellt man sich gewöhnlich einen Menschen vor, der mit aufgelöstem Haar herumläuft und unbewußt wie im Fieberdelirium Reden hält.

Wissenschaftlich dagegen sind diese drei Worte eins und bezeichnen einen scharf abgegrenzten Symptomenkomplex, wo auf Grund von Sinnestäuschungen und Wahnvorstellungen die Aufnahme der wirklichen Außenwelt getrübt ist. Es wird manchen wundern, wenn er hört, daß man diese Krankheit erst seit den 60iger Jahren kennt. Man hat damals für die neuentdeckte Krankheit längst bestehende Namen gewählt, und daher mag es kommen, daß der Fachmann so oft falsch verstanden wird.

Wenn ein Mann auf der Straße hört, wie ihm die Vorübergehenden beleidigende Ausdrücke nachrufen (angenommen natürlich, daß in Wirklichkeit nichts gesprochen wurde), und wenn er damit auf Grund des Gehörten von Verfolgungsideen beherrscht wird und gelegentlich tätlich gegen seine vermeintlichen Beleidiger vorgeht, so kann er zwar noch unter Umständen seinem Berufe vorstehen, aber er ist doch verrückt, verrückt in wissenschaftlichem Sinne.

Es ist wohl nicht schwer einzusehen, daß diese Art geistiger Erkrankungen nicht unmittelbar im gesunden Gehirnleben einsetzt, wie etwa eine Tobsucht, sondern sie entwickelt sich langsam und nach bestimmten Gesetzen.

Mitten in das kranke Leben des Verrückten spiegeln sich Reste gesunder Zeiten hinein; und da nur ein durch erbliche Anlage oder andere Einflüsse invalid gewordenes Gehirn paranoisch werden kann, so kann man wohl mit einem gewissen Recht behaupten, daß die drohende Krankheit in das gesunde Denken und Handeln ihren Schlagschatten voraus wirft. Wo die Gesundheit aufhört und die Krankheit beginnt, d. h. eine bestimmte Grenze zwischen beiden zu ziehen, das ist eine müßige Spielerei, und jeder Irrenarzt weiß, daß Leute, die an Paranoia kranken, ins Irrenhaus meist schon ein vollendetesWahngebäude, ein in sich abgeschlossenes System von „verrückten" Ideen, mitbringen.

So ist auch König Ludwig nicht erst im Sommer 1886 krank geworden. Gewiß hat sich auch hier die Paranoia langsam entwickelt, aber die Anfänge der Störung ließen sich umso schwerer erkennen, als er ein dem gewöhnlichen Auge verborgenes Leben führte und bei seinen großen geistigen Fähigkeiten mehr als gewöhnliche Menschen zu verlieren hatte. Noch mitten in seiner Krankheit konnte er so Entschlüsse fassen, die jeden, der an ihm zu zweifeln anfing, wieder sicher machten.

Schon Jahre lang vor dem Ausspruch der Ärzte erzählte man sich sowohl in Bayern wie auswärts, der König wäre geisteskrank. In Bayern wurde diese Frage natürlich nur mündlich ventiliert, und es herrschte eine gewisse dezente Zurückhaltung, so daß ein direktes Urteil: „Unser König ist wahnsinnig" lebhaften Unwillen gefunden hätte. Es war mehr ein Spielen mit dem Feuer als wirklicher Ernst, mehr ein Geklatsche als eine feststehende, traurige Wahrheit. Man fühlte sich ja unter dem Zepter des angeblich Kranken ganz wohl. Man sah zwar den König nur wie einen Schatten durch den englischen Garten jagen, man vermißte seine Anwesenheit bei offiziellen Gelegenheiten. Man raunte sich Geschichten von geprügelten und eingesperrten Lakaien, von der Pracht in den neuen Schlössern oder von dem Zauber der Separatvorstellungen in die Ohren, aber man war doch nicht unzufrieden; denn die Staatsgeschäfte gingen ja ihren geregelten Gang.

König Ludwig kam sehr jung auf den Thron, aus strenger väterlicher Erziehung hinaus in die Freiheit und zu der Macht eines Königs. Voll hochstrebender Pläne, begeistert für alles Ideale, hing er ungestört seinen Lieblingsneigungen nach, ließ sich von seinen Ideen beherrschen und vergaß in dem Umgang mit einem Manne, der mit der Gewalt seiner Töne sein Herz regierte, vielleicht ganz, wie ihn sein Volk verehrte. Er zog sich immer mehr von dem Leben zurück, und auf einmal war er ein unverstandener Einsiedler auf seinem Throne. Es ist interessant, sich zu erinnern, wie ihn in der ersten Zeit seiner Regierung das Ausland betrachtete. Vor mir liegt eine Broschüre aus dem Jahr 1869 von E. Salles: La Bavière depuis 1866 (Bruxelles, Leipzig et Liviorne, Lacrois, Verboeckhoven et Co. éditeurs). Es heißt darin:

„Ludwig der II. ist wirklich der Sohn des schönen und tapferen bayerischen Königstammes, der echte Nachfolger von Max l. und Ludwig l. Die poetische Schönheit seiner großen, träumerischen und enthusiastischen Augen, seine aufrechte Haltung, seine eleganten und vornehmen Manieren gewinnen ihm im ersten Augenblick Bewunderung und Zuneigung. Aber wenn er allen Zauber, alle Träumerei, alle Begeisterungsfähigkeit der Jugend hat, so hat er auch ihre ganze Unschlüssigkeit und Beweglichkeit. Seine Untertanen halten ihn für halb verrückt; sie täuschen sich, er ist nur verrückt von Musik, aber das Privatleben ist verschlossen."

Der Franzose tritt der Ansicht: „Seine Untertanen halten ihn für halb verrückt" entgegen. Wenn er überhaupt damals im Jahre 1889 dem entgegentreten konnte, dann mußte es doch wohl Leute geben, die schon 17 Jahre vor der Katastrophe den König für „halbverrückt" hielten.

Der kleine Satz gab mir viel zu denken. Gab es damals Leute, die weitersehen konnten als die Menge, oder ist es nur eine zufällige Befürchtung, die ebensogut hätte vergessen werden können? Nun, wir werden ja im weiteren sehen, wie man darüber denken kann. König Ludwig hätte gewiß auch ohne sein tragisches Ende einen Platz in der Geschichte; war er ja mitbeteiligt an der Errichtung des Deutschen Reiches und hat er in künstlerischer Beziehung durch Unterstützung begabter Männer und selbständiges Vorgehen der Kunst in seinem Lande freie Bahn gebrochen. Es wird wohl manches, was er schuf und was durch ihn geschaffen wurde, unverstanden bleiben, aber auch vieles wird immer seinen Namen tragen.

„Er hat alle Begeisterungsfähigkeit der Jugend, alle Träumerei." Kaum hätte er besser geschildert werden können, der Herrscher mit den hochfliegenden Plänen, die ihn hinabführten in die Nacht des Wahnsinns in die Wellen seines heimatlichen Sees. Was war die Schuld an der tückischen Krankheit, die keinen Unterschied des Standes und der Person kennt, die ebenso den bescheidenen Mann erfaßt, wie sie sich an den König heranwagt, um ihn ruhelos von Schloß zu Schloß zu jagen, ihm Feinde vor die erhitzten Sinne zu zaubern, ihn seinem Volke zu entfremden? Was war die Schuld?

Wir wissen nur eines mit Bestimmtheit, daß des Königs Bruder Otto gleichfalls an Paranoia erkrankt und daß bei der Sektion König Ludwigs sowohl im Bau des Schädels, als auch in der Gehirnsubstanz sich bedeutungsvolle Veränderungen vorfanden. Die Diagnose hätte festgestanden, auch wenn man nach dem Tode nichts Krankhaftes hätte sehen können, da die Paranoia in der Regel, ohne solche Veränderungen zu schaffen, abläuft. Um wieviel mehr mußte der abnorme Bau des Schädels zu einer Erkrankung führen! Doch man wird sich damit nicht begnügen wollen, man wird zu wissen wünschen, was die unmittelbare Ursache war. Und da muß man die Antwort schuldig bleiben, weil man keine darauf weiß. Man darf die Folgen nicht mit der Ursache verwechseln. Es wäre falsch, wenn jemand sagte, weil der König sich so zurückzog, darum wurde er krank. Er suchte die Einsamkeit auf, weil er krank war.

Genie und Wahnsinn, zwei so entgegengesetzte Begriffe, stoßen doch in einem Punkt zusammen; sie wohnen so nah beisammen wie Schmerz und Freude, wie Glück und Unglück. Ein Tropfen mehr von dem undefinierbaren Etwas im Lebensbecher stört die Harmonie.

So mag es auch gekommen sein, daß in dem Gehirne, das schon krankhaft angelegt war, dicht neben hohen Gedanken schon die finsteren Mächte des Wahnes wohnten, daß sie, solange der Körper noch jung und kräftig war, unterdrückt wurden, aber doch ihr zerstörendes Werk langsam und sicher fortsetzten, um dann, als die Zeit gekommen war, zu siegen.

Mir liegt es hier nicht ob, nachzuforschen, wie sich das alles langsam vorbereitet und entwickelt hat, ich will mich mit dem begnügen, was ich selbst sah und erfuhr.

Ich kam am 1. Dezember 1884 nach Fürstenried, um im Wechsel mit einem Kollegen den damaligen Prinzen Otto von Bayern zu behandeln. Ich hatte schon vor dem ab und zu Gelegenheit, zu hören, daß auch König Ludwig nicht mehr ganz normal sei. Man sprach von dem Wechsel in der Dienerschaft, die durch Soldaten ersetzt worden sei, von nächtlichen Schlittenfahrten im Gebirge, von einem immer mehr zunehmenden Hang zur Abgeschlossenheit. Man erzählte sich Wunder von dem Schlosse in Herrenchiemsee, das König Ludwig XIV. verherrlicht, von Plänen für ein neues Schloß in Falkenstein, das alle übrigen noch übertreffen sollte. Und es ging auch die Rede von Nöten in der Kasse des Königs.

Was ich in Fürstenried hörte, ging nicht über das gewöhnliche Gespräch hinaus, wie es auch im Lande geführt wurde. Ich selbst hatte den König, bevor ich ihn am 12. Juni 1886 in Schwanstein beobachten konnte, niemals gesehen.

Ich hatte keinen Grund, über die geistige Gesundheit meines Königs tiefergehende Reflexionen anzustellen; denn war er krank, so lag die Entscheidung darüber in anderen Händen. Aber eines fiel mir auf: man sah in München häufig Abbildungen des Königs, die letzten Photographien von der Schweizerreise und endlich eine

Radierung von Hecht, die den Fürsten im Königsmantel vor dem Throne stehend darstellt. Dieses Bild erregte in mir Bedenken: der finstere Zug im Gesichte, ein gewisser weltverachtender Blick, kurz eine Reihe von Merkmalen, die sich nicht einzeln schildern lassen und die auch einzeln genommen ohne jede Bedeutung wären, machten zusammengefaßt den Eindruck, daß das Volk mit seiner Besorgnis nicht so ganz im Unrecht sei.

Es klingt vielleicht absurd, wenn man bei einem König von Größenwahnsinn spricht, aber als ich zum ersten mal das Bild sah, dachte ich daran. Ich habe mich später überzeugt, daß die Radierung vorzüglich war, sie hat den Herrscher wiedergegeben, wie er war. Im Anfang des Jahres 1886 mehrten sich plötzlich in den Zeitungen dunkle Gerüchte über die geistige Erkrankung des Königs Ludwig. Auf die erste derartige Notiz stieß ich bei der Lektüre der Wiener Neuen Freien Presse. Anfänglich waren es nur dunkle Andeutungen über große Bedrängnis in der königlichen Kabinettskasse, aber etwa Mitte Mai formulierten sich diese Andeutungen bestimmter, es hieß unumwunden, der König sei krank und ein Wechsel in der Regentschaft stehe unmittelbar bevor.

Mein Chef, Obermedizinalrat Dr. von Gudden, den man auf wirklich komische Weise auszuforschen suchte, schwieg wie das Grab. Da, es war am 24. Mai, als er auf dem sonntäglichen Besuche nach Fürstenried kam, führte er plötzlich ohne jede äußere Veranlassung eine Unterhaltung herbei und sprach fast eine Stunde lang vom König, daß er ihn für krank halte, und zwar für verrückt, daß seine Krankheit der des Prinzen Otto sehr ähnlich sei, daß es nicht mehr lange sofort gehen könne und dgl. mehr. Wir waren über diesen Offenheitsausbruch sehr erstaunt, und ich sagte zu dem diensttuenden Kavalier Rittmeister von Schubaert: „Soviel ich den Chef kenne, hat er einen bestimmten Grund gehabt, darüber zu sprechen. Passen Sie auf, nun geht es bald los." Auch Schubaert teilte vollkommen diese Ansicht.

Am 1. Juni wurde ich in Fürstenried abgelöst und übernahm wieder meine Abteilung in München. Alle Zeitungen waren voll von Artikeln über den kranken König. Unser Chef war fast gar nicht mehr zu sehen. Oft schrieb er stundenlang und verschloß dann aufs Genaueste das Geschriebene und gab absolut keine Audienz, wenn man ihm über Abteilungsvorkommnisse referieren wollte. Oft kam er tagelang gar nicht ins Büro, und spät in der Nacht hörte man seinen Wagen in den Anstaltshof fahren.

Außer Dr. Rehm und mir befanden sich damals noch zwei junge, erst vor ein paar Tagen ernannte Assistenzärzte in der Anstalt, mit denen wir über unsere Vermutungen absichtlich nicht sprachen. Waren wir dagegen, Rehm und ich, allein, dann war das ewige Gesprächsthema: Was wird die nächste Zukunft bringen?

Am Dienstag, den 8. Juni, wurden die zwei ältesten im Dienste des Prinzen Otto befindlichen Pfleger Braun und Mauder plötzlich abgelöst und durch zwei Anstaltspfleger ersetzt. Die Prinzenpfleger meldeten sich mittags in der Anstalt und erhielten geheime Anweisungen vom Chef. An demselben Tage, vielleicht 11 Uhr früh, kam der Chef ins Büro, grüßte sehr liebenswürdig Rehm und mich, und nahm mich mit den Worten: „Herr Doktor; haben Sie ein Augenblick Zeit?" (eine Phrase, die er immer gebrauchte, wenn er einem etwas Wichtiges mitteilen wollte) mit ins Nebenzimmer. Draußen sagte er einfach: „Sie müssen morgen nachmittag mit mir zum König, wir fahren nach dem Linderhof… Frack, Zylinder usw. Nehmen Sie Wäsche mit für 14 Tage."

Damit grüßte er nochmals und ging rasch fort. Ich muß offen gestehen, ich hatte oftmals im geheimen daran gedacht, daß Gudden mich mit zu dieser Expedition nehmen würde, mein Ehrgeiz war aufs äußerste angestachelt; und jetzt, da ich mit den Händen fast die Zukunft greifen konnte, da traf es mich doch wie ein Blitzschlag. So rasch und so brüsk. Ich war in einer eigentümlichen Stimmung. Als ich Rehm sagte, ich gehe morgen mit zum König, da mußte ich mich halten, um nicht aufzuschreien vor Freude, daß man mich dazu gewählt, und auf der anderen Seite schnürte es mir doch das Herz zusammen, wenn ich mir vorstellte, welche Verantwortung in der nächsten Zeit auf meinen Schultern lasten würde. – Ich ging am Abend auf die Philisterkneipe und hörte da die blödsinnigsten Gerüchte, und als gar einer sagte: „Und wenn der König hundertmal geisteskrank ist, es wird sich kein Irrenarzt finden, der es wagt, dies offen zu erklären", da hielt es mich nicht länger am Tische, ich nahm meinen Hut und ging stillschweigend von dannen.

Ihr werdet es bald genug erfahren, wer es wagt und was dieser Irrenarzt noch alles wagen wird, das waren so meine Gedanken, als ich heimwärts ging...

Der Morgen des 9. Juni – Mittwoch – ging mit Einpacken, mit stillen Gedanken und ärztlichen Vorbereitungen für die Reise hin, und Mittag 3 Uhr fuhr ich mit dem Chef an den Bahnhof.

Aus einem anderen Wege als dem unsern fuhren die beiden Prinzenpfleger ebenfalls dahin und mit diesen die Pfleger aus der Anstalt, Hack und Schneller. Am Bahnhofperron stand ein Extrazug; auf dem Bahnsteig nur wenige Herren; dagegen die Wartesäle mit Publikum überfüllt. Ich wurde vorgestellt: dem Minister des königlichen Hauses Freiherrn von Crailsheim, dem Oberststallmeister Grafen Holnstein, dein Oberstleutnant a. D. Frh. von Washington und dem Reichsrat Grafen Törring. Exzellenz Malsen, der Obersthofmarschall des Königs und Kurator des Prinzen Otto, befand sich gleichfalls am Bahnhof und begrüßte mich mit einem freundlichen Händedruck: „Sie gehen schweren Tagen entgegen, Herr Doktor." Während die oben Genannten mit Gudden in den Salonwagen stiegen, fand ich in einem Coupé erster Klasse einen Herrn in mittlerem Alter, dem ich mich vorstellte. Es war der geheime Legationsrat im Ministerium des Äußern Dr. Rumpler.

Wir wurden rasch bekannt, auch er war natürlich ein Mitglied der Kommission. Wir plauderten erst ganz unverfänglich über die gewöhnlichen Gesprächsgegenstände und schließlich gerieten wir in hochwissenschaftliche Dispute über Schulbildung, Nutzen der Gymnasialstudien usw.

Gegen Abend kamen wir in die Station Oberdorf, wo eine Reihe von Hofwagen auf uns wartete. Ich fuhr abermals mit Dr. Rumpler. In finsterer Nacht, es wird gegen 12 Uhr gewesen sein, kamen wir in Hohenschwangau an. Ein jeder von uns erhielt ein Zimmer, ungefähr nach einer halben Stunde wurden wir zum Souper geladen. Ich traf dort die oben genannten Herren mit Ausnahme Malsens, der nach Elbigenalp gefahren war, um der Königin-Mutter die Trauerbotschaft zu überbringen.

Beim Souper wurde nun das weitere Vorgehen besprochen. Gudden meinte, die Staats- und Hofbeamten gehen hinein ins Zimmer des Königs und verlesen die vom Prinzen Luitpold unterschriebene Proklamation. Nachdem diese verlesen ist, tritt Gudden mit mir und den Pflegern vor und erklärt, nun nehme die ärztliche Behandlung ihren Anfang. Majestät wäre gebeten, in den bereitstehenden Wagen einzusteigen und mit nach Schloß Berg zu fahren. (Der Plan, nach dem Linderhof zu fahren, war inzwischen aufgegeben worden, weil man der dortigen Bevölkerung nicht traute, und zwar, wie sich später herausstellte, mit vollem Recht.)

Auf der Fahrt sollten zwei Pfleger mit dem König im Wagen und einer auf dem Bock sitzen, ein Arzt voraus und einer hinterdrein fahren. In den letzten Wagen käme der zukünftige Begleiter des Königs, Baron Washington, zu sitzen. Dagegen erklärte nun Holnstein, er könne die Verantwortung nicht auf sich nehmen, daß Pfleger in den Wagen des Königs gesetzt würden, er ließe es nicht zu, daß „die schwarze Bande" auf Seine Majestät losgelassen würde. Der König müsse allein fahren, ev. könne ja jemand auf dem Bock sitzen.

Nun wurde längere Zeit hin- und hergeredet, Holnstein war sehr erregt; schließlich einigte man sich dahin, daß zuerst die Kommission die Proklamation verlesen sollte und dann die einstweilen im Nebenzimmer postierten Ärzte mit den Pflegern einzutreten hätten. Darauf würden sich die andern Herren sofort entfernen. Gudden meinte, was die Fahrt anbeträfe, so würde er möglichst schonend vorgehen, doch könne ja der Fall eintreten, daß man Maßregeln treffen müsse, um den König vor sich selbst zu schützen.

Ich muß offen gestehen, daß dieses Souper unmittelbar vor dem entscheidenden Momente, sowohl wie auch die Art und der Inhalt der ganzen Unterredung einen sehr peinlichen Eindruck auf mich machte. Einmal hörte ich, wie Gudden auf den Ausdruck „schwarze Bande" zu Holnstein sagte: „Exzellenz belieben zu scherzen". Wer Gudden so genau kannte wie ich, weiß, daß hinter den paar Worten ein tiefer, ernstgemeinter Vorwurf lag.

Ungefähr um 3 Uhr in der Frühe wurden wir alarmiert, wir sammelten uns im Schloßhof und fanden dort dieselben Hofwagen, die uns von Oberdorf herübergebracht hatten. Außerdem stand der für den König bestimmte Reisewagen bereit. Wir fuhren eher von Hohenschwangau ab, als vorgesehen war. Man hat mir erzählt, ein Stallbediensteter des Königs hätte ihm die Anwesenheit der Kommission verraten und so den verfrühten Aufbruch veranlaßt. Es liegt nicht in meiner Befugnis darüber nachzuforschen, inwieweit diese Erzählung auf Wahrheit beruht.

Gegen 4 Uhr kamen wir in Schwanstein an. Es war eine traurige Fahrt. Kalter Regen schlug uns ins Gesicht, schwere Nebel hingen über dem Wald. Es begann langsam zu dämmern. Schwanstein selbst mit seinem aus riesigen Quadern gesagten Bau macht in dieser romantischen Waldeinsamkeit einen gewaltigen Eindruck. Aber trotz seiner Schönheit läßt es sich nicht verkennen, daß diese Unsummen von Zinnen und Türmchen Ausgeburten eines kranken Gehirnes sind.

Wir stiegen am Hauptportal aus, wo wir einige Gendarmen fanden.
Minister von Crailsheim in großer Uniform sagte zu dem Gendarmeriewachtmeister, daß er eine Proklamation des Prinzen Luitpold an den König habe und daß die hier versammelte Kommission zum König geführt zu werden wünsche. Der Wachtmeister ließ dies dem König melden und erklärte dann, es dürfe niemand eintreten, der König habe es strenge verboten. Alles Unterreden scheiterte, der Gendarm blieb fest bei seiner Aussage, er ließe niemand eintreten und würde schließlich Gewalt anwenden.

Schon bei unserer Ankunft erblickten wir die schon häufig in Werneck als Kranke verpflegte Baronin Truchseß in Begleitung von zwei Damen, die sich äußerst exzessiv benahm, sie schrie fortwährend: „Herr von Gudden… Herr von Gudden, ich will meinen König schützen usw." Alles Zureden half nichts, und meine Versuche, die beiden anderen Damen zu bewegen, sie möchten doch die Baronin nach Hause begleiten, blieben erfolglos. Ich ließ sie dann durch zwei Pfleger ein Stück Weges zurückführen. Kaum ließen sie jedoch die Pfleger los, so lief sie wieder zurück, kauerte sich in eine Nische unter dem Tor und schrie in der früheren Weise fort. Schließlich mußten wir sie gewähren lassen.

Die Verhandlungen oben am Schlosse dauerten fast eine Stunde. Minister von Crailsheim zeigte den Gendarmen die Proklamation, die aber noch im Kuvert war, wollte ihnen dieselbe sogar öffnen, es half alles nichts. Die Gendarmen erklärten: „Der König hat befohlen, um alles Weitere kümmern wir uns nicht."

Ebensowenig nützten die Reden Holnsteins und Törrings, die beide in Uniform waren. Ich selbst stand mit Dr. Rumpler, der sich in seiner roten Uniform sonderbar ausnahm, etwas zurück. Baron Washington war in Hohenschwangau zurückgeblieben.

Endlich, als alles Reden nichts half und nicht mehr daran zu denken war, daß wir zum König vorkommen könnten, wurde mangels anderer Vorkehrungen der Plan gefaßt, einstweilen wieder nach Hohenschwangau zurückzukehren, von dort aus nach München zu telegraphieren und dann das Weitere abzuwarten. Wir fuhren also wieder ab. Inzwischen war es heller Tag geworden. Es regnete noch weiter. Auf dem Rückwege sahen wir eine Anzahl von Landleuten, die sich meist in der Wirtschaft „Zur Alpenrose" gesammelt hatten; den Berg herauf sah ich zwei Feuerwehrleute mit blinkendem Helm laufen, denen Graf Holnstein zurief, sie sollten nur wieder nach Hause gehen, es brenne ja nicht.

Die Leute waren auf des Königs Befehl in den umliegenden Ortschaften alarmiert worden. Es mag ungefähr 5 Uhr 30 gewesen sein, als wir wieder in Hohenschwangau eintrafen. Ich erinnere mich noch deutlich, wie Gudden zu mir sagte: „Da haben wir uns schon blamiert, es ist schrecklich."

Um 6 Uhr ungefähr merkten wir, wie sich im Park von Neuschwanstein ein Trupp von Feuerwehrleuten einstellte und dort auf- und abpatrouillierte. Außerdem sahen wir eine Reihe von Gendarmen im Garten. Um 6 Uhr wurden Crailsheim, Holnstein und Törring und Gendarmen, die einen schriftlichen Verhaftungsbefehl des Königs vorwiesen, verhaftet und dann in starker Feuerwehrbegleitung nach Schwanstein zurückgeführt. Hier muß ich einfügen, daß kurz nach unserer Rückkunft in Hohenschwangau der Bezirksamtmann von Füssen telegraphisch aufgefordert wurde, sich sofort einzufinden.

Im Hause selbst waren noch drei Gendarmen zurückgeblieben. Plötzlich öffnete sich meine Türe, ein Gendarm trat herein, fragte mich barsch: „Wie heißen Sie?" Ich sagte: „Müller." „Sie sind verhaftet!" Ich ging zu Gudden, dem war es ebenso ergangen, nur hatte er dem jetzt eingetroffenen Bezirksamtmann sein Ehrenwort gegeben, das Schloß nicht zu verlassen; ich mußte das nicht tun, ging zum Bezirksamtmann, sagte ihm meinen Namen, erzählte meine Verhaftung und fragte nach dem Grunde und nach dem Haftbefehl. Darauf sagte er zu dem mich verhaftet habenden Gendarmen, ich sei nicht arretiert, ich sei frei.

Zwischen 8 und 9 Uhr traf ich im Frühstückszimmer Gudden und den Baron Washington. Wir besprachen die traurige Lage, hatten aber durchaus den Mut nicht verloren und äußerten schließlich den Wunsch, die Einrichtung des Schlosses zu betrachten, was wir dann auch in Begleitung der vier Pfleger taten. Ich wunderte mich bei dieser Gelegenheit über die vielen künstlichen Schwäne, in Metall, Holz, Leder, auf Gemälden, an der Decke, in Glas, an den Fenstern, an Federhaltern, von denen ich mindestens tausend zu Gesicht bekam. Da die armen Pfleger schon in der Nacht weniger gut verpflegt worden waren als wir und am Morgen gar nichts bekommen hatten, so gab ihnen Gudden die Erlaubnis, im Dorf Hohenschwangau ins Wirtshaus zu gehen. Kaum waren aber diese fort, es wird wohl erst eine Viertelstunde verstrichen sein, so kamen drei Gendarmen und erklärten uns drei, die wir eben von der Besichtigung des Schlosses zurückkamen, für verhaftet. Sie hatten den Auftrag, uns nach Schwanstein ins neue Schloß zu bringen und mußten auch die vier Pfleger mitbringen. Wir erklärten sofort, zum Mitgehen bereit zu sein, und wollten die Pfleger unten im Dorfe einfach mitnehmen. So geschah es auch. Langsam stiegen wir den Berg hinauf. Vor und hinter uns Gendarmen. Gudden war ganz ruhig, desgleichen ich. Baron Washington schimpfte andauernd, daß er nun arretiert würde, wo er doch am Morgen gar nicht dabeigewesen wäre. Als wir an der Alpenrose vorbeikamen, standen dort ungefähr zwanzig sehr verdächtige Leute, denen man es ansah, daß sie gute Lust hatten, uns in Stücke zu hauen.

Oben im Schloßhof wartete eine ganze Rotte ähnlicher Gestalten, Feuerwehrleute, Bauern, Holzknechte, durch deren Reihen wir geradezu Spießruten laufen mußten.

Es ist wohl als ein Glück zu betrachten, daß der Bezirksamtmann gleichfalls anwesend war und durch seine Autorität das Volk von etwaigen geplanten Ausschreitungen und Feindseligkeiten abhielt.

Diese Ansammlung der in der Umgebung wohnenden Leute hatte aber auch etwas Rührendes, es war der Ausfluß ihrer unbedingten Königstreue. Was überlegt der Bauer lange, ob das Urteil der Ärzte gerecht und wahr ist, für ihn ist der König gesund, in seinem Herzen hat er gelebt, sie haben ihn gesehen, wie er nachts dahineilte, von Schloß zu Schloß… sie sahen einen Riesenbau nach dem andern aus dem Boden wachsen; sie hörten, daß man in der Hauptstadt von Überschuldung der Kabinettskasse sprach, sie wußten, daß nur Diener zum König vorgelassen wurden und daß er die Nacht zum Tage machte, aber das war ihnen noch nicht Grund genug, an seiner geistigen Gesundheit zu zweifeln.

Die Erregung des Volkes in den Bergen war eine tiefe und wahre, sie zeigte sich an ihrer Reaktion im Juni 1888, zeigt sich in den Sagen, die sich in jenem Winkel Bayerns um den Märchenkönig spinnen, und ist es nicht eine psychologisch richtige Folge, daß gar mancher in den Bergen nach heute nicht glauben will, sein König sei verrückt gewesen?

Wir wurden in den über dem Hauptportal befindlichen Domestikenbau geführt und fanden in einem Zimmer die drei schon früher inhaftierten Herren vor. Graf Holnstein lag in Hemdsärmeln gemütlich im Bett, hatte seine Uhr an die Wand gehängt und erzählte, der König habe den schriftlichen Befehl gegeben, uns die Augen auszustechen, die Haut abzuziehen, uns nichts zu essen zu geben. Nicht einmal waschen dürften wir uns, denn wir müßten „in unserm Dreck verkommen."

So ernst die Situation war, über diese Befehle beschlich uns doch alle ein Lächeln. Auf dem einzigen Stuhle im Zimmer saß Graf Törring, die übrigen standen an den Wänden herum. Kaum hatten wir uns aber mit Hilfe der Pfleger einigermaßen häuslich eingerichtet, so kam der Befehl, wir müßten jeder in einem einzelnen Zimmer eingesperrt werden. Wegen Platzmangel kam ich mit Baron Washington in ein größeres Appartement. Auf dem Korridor wurden die Pfleger von Gendarmen bewacht, von denselben Gendarmen, die uns beaufsichtigten, die sogar den Befehl hatten, mitzugehen, wenn einer von uns auf den Abort ging. Sie taten es auch wirklich und machten dabei äußerst grimmige Dienstgesichter.

Alle Augenblicke stürzte ein Gendarm oder ein Lakai die Schloßtreppe herunter und überbrachte neue schriftliche Befehle Seiner Majestät. Unter diesen Lakaien fiel mir besonders einer auf, durch seine schmutzige Livree und durch sein abstoßendes Äußere, es war dies, wie sich später herausstellte, der Schloßdiener Niggl.

Also wir sollten langsam verhungern! Da kam Gudden in unser Zimmer herein und erzählte, die auf dem Korridor festgehaltenen Pfleger hätten Bier und Braten und seien mit ihrer Lage ganz zufrieden. Ich überzeugte mich persönlich davon und gab einem der Pfleger den Auftrag, auch für uns, Gudden, Washington und mich, etwas zu besorgen. Nach kurzer Zeit kam ein Lakai und brachte – gegen Bezahlung – drei Glas Bier, drei Stücke Brot und drei Stücke Wurst, letztere in Zeitungspapier eingeschlagen. Und nun dinierten wir *ex faustibus*.

Gegen 1 Uhr kam auf einmal wieder Gudden zu uns und sagte, er hätte mit dem Bezirksamtmann ausgemacht, daß er jetzt verschwinden dürfe, er würde mit diesem Beamten nach Füssen fahren und von da nach München zu kommen versuchen. „Nun und wir?", fragte ich dann. „Was soll ich tun? Soll ich dableiben, kann ich fort? Wie und Wann? Was geben Sie mir für Instruktionen?"

Ich erhielt zuerst die Antwort, er wisse selbst noch nicht, wie es mit uns stünde, bald darauf aber erklärte er, wir könnten alle fortgehen, sollten kein Aufsehen verursachen, einer hinter dem andern, in größeren Zwischenräumen. Und so drückten wir uns dann, ich war mit den Pflegern der letzte, der das Schloß verließ.

Der Schloßhof war leer.

Unterwegs kam ich mit dem Grafen Törring und mit Washington zusammen. Unten an der Alpenrose sahen wir wieder einige sehr verdächtige Gestalten, desgleichen war in Hohenschwangau, wo wir uns sammelten, eine ganze Volksversammlung in der Nähe des Wirtshauses zu sehen.

Hier füge ich die Rumplersche Affaire ein. Wie kommt es, daß Washington arretiert wurde, er, der gar nicht oben in Schwanstein war, und daß Rumpler übersehen wurde, der mit seiner roten Uniform dort droben gewiß sattsam aufgefallen war? Es waren oben im neuen Schlosse sechs Kommissionsmitglieder, Graf Törring, Holnstein, von Crailsheim, Gudden, Washington und ich, ferner die vier Pfleger – die verrückte Baronin Truchseß zählte man ruhig ab – zehn Leute. Also mußten zehn in Hohenschwangau geholt werden. Zufällig stießen nun die Gendarmen auf Washington und nahmen diesen mit. Rumpler blieb hübsch ruhig in seinem Zimmer, kam auch nicht zum Kaiser, damit man ihn nicht sähe, und als es wieder ruhig geworden war und wir alle abgeführt worden waren, da nahm er sein Gepäck, stellte es in des Ministers Zimmer und verschwand. Wir trafen ihn später wieder in Peißenberg.

Nun weiter. in Hohenschwangau wurde ein vierspänniger Jagdwagen für uns hergerichtet. Wir gingen einstweilen noch auf der Landstraße spazieren, da sah ich einen Offizier in mittleren Jahren und der Flügeladjutantenuniform an uns ohne Gruß vorüberlaufen. Ich hörte, wie er mit lauter Stimme rief: „Sofort einen Wagen ins neue Schloß!" und sah, wie er die am Wirtshaus versammelten Bauern mit einem Händedruck begrüßte. Das machte einen peinlichen Eindruck auf mich. Inzwischen kam auch ein Herr in Zivil, es war der in Pension lebende frühere Offizier Zu Rhein; Baron Washington ging auf ihn zu und wollte ihm die Hand geben. Der aber meinte: „Nein… damit ist es jetzt aus!" Endlich stiegen wir ungefähr um 3 Uhr 30 ein, zuerst fuhr noch ein Zugeinspänner mit dem Grafen Törring und Gudden hinterdrein, da diese aber nicht so rasch mitfuhren konnten, wurden die beiden auch noch bei uns aufgeladen und der Wagen zurückgeschickt. Es ging so rasch, wie ich noch nicht mit Pferden gefahren bin. In Steingaden kurze Rast und Verproviantierung. Von Crailsheim machte den Kassier. Gudden zahlte für mich.

In Steingaden soll noch eine Drohung gegen uns ausgestoßen worden sein, ich habe jedoch nichts davon gehört.

Gegen 7 Uhr kamen wir schließlich in Peißenberg an, trafen dort den Dr. Rumpler und einen Grafen, ich glaube Lerchenfeld. Die Pfleger fuhren mit einem Zweispänner, den ich in Hohenschwangau für sie requiriert hatte, nach Oberdorf, übernachteten dort und kamen am anderen Tag mittags in der Anstalt an.

Von Peißenberg telegraphierte ich an Dr. Rehm: „Ich komme heute mit dem Chef gegen 10 Uhr an."

Um 9 Uhr 30 waren wir in München; am Bahnhof war Minister Lutz, in großer Erregung. Ich fuhr mit dem Chef in seinem Wagen in die Anstalt, und dort hatte ich das

Vergnügen, den versammelten Kollegen die ganze Sache noch einmal *in longum et latum* berichten zu müssen. Der Chef hatte schon im Büro mit großer Offenheit dem Dr. Rehm einen großen Teil der verunglückten Expedition erzählt. Charakteristisch ist, daß Rehm, nachdem er mein Telegramm erhalten hatte, fest und sicher glaubte, der König sei tot, denn daß die Sache so schmählich zu Ende gehen würde, daran konnte er ja nicht denken.

In München war bereits die Proklamation angeschlagen, nach der bei der Krankheit des Königs der Prinz Luitpold von Bayern die Regentschaft übernommen hatte. Die Erregung in der Hauptstadt soll gleichfalls eine tiefgehende gewesen sein. Was man so lange hatte kommen sehen, schmerzte doch nicht minder, als es als nackte Wahrheit vor den Augen stand.

Am anderen Morgen sagte mir Gudden, wir würden am Nachmittag, also Freitag, abermals nach Schwanstein fahren, aber diesmal ohne die Kommission, es seien nun Gendarmen zur Ablösung derjenigen, die uns verhaftet hatten, abgeschickt, ferner seien Offiziere in Schwanstein, ein Gendarmeriehauptmann ginge mit uns, wir würden nur den Oberpfleger Barth mitnehmen. Dann fragte er, wo denn die Pfleger blieben?

In Hohenschwangau hatte er sich, als wir abfuhren, eigentlich gar nicht um sie gekümmert und die ganze Sache mir überlassen, und jetzt, als ich ihm erklärte, sie könnten vor 1 Uhr nicht in München sein, da bekam er doch Angst, ob sie denn auch wirklich richtig ankamen, und bestimmte vorsorglich einstweilen vier andere Pfleger, die mitfahren sollten, falls diese ausbleiben würden.

Aber die Pfleger kamen pünktlich an, wie ich es nicht anders erwartet hatte, und gegen 2 Uhr ging es wieder an den Bahnhof. Dort sah ich auch Professor Grashey, der mit nach Starnberg fuhr, um das Schloß Berg möglichst zu versichern. Fenster schließen, Gucklöcher usw. Es war diesmal kein Extrazug. Eine Menge Volk am Perron, besonders in den Wartesälen. Wir taten, als hätten wir uns noch nie gesehen. Ich fuhr mit einigen jungen Medizinern in einem Wagen zweiter Klasse. Es war sehr unterhaltend für mich, als mir diese, die natürlich keine Ahnung davon hatten, daß ich es besser wissen könnte, die Ereignisse der letzten Tage erzählten und ihre Randglossen dazu machten. Wir sind damals alle sehr schlecht bei diesen jungen Kollegen weggekommen.

Während ich schon in München auf dem Bahnhof den zu unserer Begleitung bestimmten Gendarmeriehauptmann Horn kennenlernte, wurde mir auf der Station Peißenberg der Stallmeister Leefeld vorgestellt. Dieser hatte die notwendigen Wagen in Bereitschaft zu sehen, dem Stallpersonal die nötigen Befehle zu erteilen und die Relaisstationen Schwanstein nach Berg einzurichten.

Wir mußten längere Zeit in Peißenberg warten, bis unsere Mietwagen angekommen waren, und dann fuhren wir davon. Gudden, Horn, Leefeld und ich im ersten Wagen; in zwei weiteren Vehikeln die vier Pfleger mit dem Oberpfleger Barth und mit den Gepäck An einer Station, Peiting, hielten wir längere Zeit, um zu Abend zu essen. Wir waren bei dem regnerischen, feuchtkalten Wetter ganz durchkältet. Ich hatte mich auf dem ganzen Wege eifrig mit Zigarrenrauchen beschäftigt. Das war noch das einzige, was mich einigermaßen über Wasser hielt.

In diesem Dorfe verproviantierte ich mich auch noch, für den Fall, daß man uns noch einmal zum Hungertode verurteilen würde.

Gegen 12 Uhr nachts kamen wir in Schwanstein an. Der Stallmeister Leeseld hatte uns schon in Hohenschwangau verlassen, und mit ihm hatte man ausgemacht, daß in der Früh um 4 Uhr der Wagen des Königs und die für uns bestimmten Gefährte im Schlosse Schwanstein bereitstehen sollten. Kaum aber waren wir in Schwanstein ausgestiegen, da stürzte uns der Kammerdiener Mayr, ein langjähriger, treuer Diener des Königs, entgegen und beschwor uns, wir sollten sofort in die Gemächer des Königs gehen. Wenn wir nicht sofort hinauf gingen, dann würde sich der König, der in großer Erregung sei, zum Fenster hinausstürzen. Er wisse, daß etwas gegen ihn im Werke sei, und habe ausgesprochene Selbstmordgedanken. So habe er schon verschiedene Male den Schlüssel zum Turme verlangt, wahrscheinlich, um von da in die Tiefe zu springen. Man habe ihn damit hingehalten, daß man ihm sagte, der Schlüssel sei bedauerlicherweise verlegt und man suche eifrigst nach ihm.

Wir gingen nun sofort zur Tat. Durch eine Reihe nur mit Brettern belegter Korridore kamen wir an eine Wendeltreppe, die Treppe, die auf den oben genannten Turm führt und auf die auch die Zimmer bzw. der Korridor vor den Zimmern des Königs einmündet. Drei Pfleger wurden in die Höhe geschickt, wir anderen blieben unten stehen, und zwar so, daß der König, wenn er aus dem Korridor trat, weder oben noch unten jemand sehen konnte. Nun ging Mayr hinein und gab dem König den Schlüssel zum Turme. Es waren dies Minuten großer Erwartung und Aufregung – ich hatte den König überhaupt noch niemals gesehen.

Auf einmal hörten wir feste, schwerfällige Tritte, ein Mann von imposanter Größe stand unter der Korridortüre und sprach mit kurzen, abgerissenen Worten mit einem in tiefster Verbeugung dastehenden Diener, ich glaube es war entweder Meier oder Weber, der Exchevauxleger.

Da stürzten die Pfleger von oben herab, wir gingen rasch hinauf. Der König wurde an den Armen gefaßt (Gudden hatte vom Prinzen Luitpold Generalvollmacht erhalten). Der König stieß bloß ein schmerzlich überraschtes „Ah!" aus, fragte dann immer wieder: „Was soll das denn? Ja was wollen Sie denn? Lassen Sie mich doch los!"

Dann wurde der König in sein Schlafzimmer geführt und Türen und Fenster durch je einen Pfleger besetzt, so daß also ein Selbstmordversuch durch Hinauspringen aus dem Fenster unmöglich geworden war. Nun sprach Gudden:

„Majestät, es ist die traurigste Aufgabe meines Lebens, die ich übernehmen mußte, Majestät sind von vier Irrenärzten begutachtet worden, und nach deren Ausspruch hat Prinz Luitpold die Regentschaft übernommen. Ich habe den Befehl, Majestät nach Schloß Berg zu begleiten, und zwar noch in dieser Nacht. Wenn Majestät befehlen, wird der Wagen um 4 Uhr vorfahren."

Wieder kamen darauf die früheren Exklamationen:

„Ja, was soll denn das heißen? Ja was wollen Sie denn?"

Der König kam mir angetrunken vor, im Vorzimmer stand eine Bowle, und es roch stark nach Arak. Der König schwankte leicht nach der Seite, nach vor- und rückwärts. Auch an der Sprache zeigten sich gewisse kleine Unsicherheiten. Es darf nicht vergessen werden, daß der Kranke durch das Mitgeteilte naturgemäß bis ins Innerste getroffen war, und man kann ja auch dieser Erwägung die Schuld an den eben geschilderten Symptomen geben. Im Zimmer begannen nun eine Reihe von Unterhaltungen, nachdem Gudden uns vorgestellt hatte.

Zu Gudden, der bemerkte, er hatte schon im Jahre 1874 die Gnade einer Audienz gehabt, sprach er: „Ja, ja, ich erinnere mich genau."

Dann kam der König auf Guddens Familie, auf den Sohn mit den verbrannten Armen, auf den Prinzen Otto zu sprechen, wobei man ihm anmerkte, wie er sich nur mühsam beherrschte, und meinte endlich:

„Ja, wie können Sie mich für geisteskrank erklären, Sie haben mich ja gar nicht vorher angesehen und untersucht?"

„Majestät, das war nicht mehr notwendig, das Aktenmaterial ist sehr reichhaltig und vollkommen beweisend, es ist gerade erdrückend."

„So? So? Also Prinz Luitpold hat es jetzt glücklich so weit gebracht, dazu hätte er nicht so einen Aufwand von Schlauheit gebraucht, hätte er nur ein Wort gesagt, dann hätte ich die Regierung niedergelegt und wäre ins Ausland gezogen. Nun, wie lange wird die Kur wohl dauern?"

„Majestät, in der Verfassung steht, wenn der Regent länger als ein Jahr durch irgendeinen Grund an der Ausübung der Regierung gehindert ist, dann tritt die Regentschaft ein. Also würde ein Jahr vorläufig der kürzeste Termin sein."

„Nun, es wird wohl rascher gehen…man kann es ja so machen, wie mit dem Sultan, es ist ja leicht, einen Menschen aus der Welt zu schaffen."

„Majestät, darauf eine Antwort zu geben, verbietet mir meine Ehre."

Dann wandte sich der König zu mir:

„Sie heißen Müller? Nun, Müller, sind Sie ein Bruder des früheren Kabinettsekretärs?"

„Nein, Majestät."

„Sie sehen Ihm sehr ähnlich. Sie sind als Arzt bei meinem Bruder in Fürstenried? Wie lange schon?"

„Seit dem 1. Dezember 1884, Majestät."

„Sie haben Berichte an mich geschrieben über den Zustand meines Bruders. Ich habe sie immer gelesen. Sie schreiben sehr schön, Ihr Stil ist deutlich und kurz. Wo sind Sie in Würzburg geboren?"

„In Würzburg, Majestät."

Nun kamen die einzelnen Pfleger daran und berichteten auf Fragen über ihre Personalangelegenheiten. Nahezu regelmäßig schloß die Unterredung mit jedem mit der Frage: „Warum gehen Sie denn nicht aus dem Zimmer? Ich möchte allein sein; es ist doch zu unangenehm!"

Und ebenso regelmäßig erwiderten die Leute:

„Der Herr Obermedizinalrat hat es so angeordnet."

Dann sprach der König von seinem Aufenthalt in den Bergen.

„Ist es hier nicht schöner wie in der dumpfen Stadt? Hier ist die Luft so rein, das frische Wasser...man kann es doch niemand verargen, wenn er gerne hier in den Bergen lebt. Aber warum stehen Sie denn hier?"

Darauf sagte Gudden:

„Wenn Majestät befehlen, dann werde ich mich zurückziehen."

„Ja, gehen Sie nur, ich möchte ausruhen, warum denn die vielen Leute?"

Dann zu mir:

„Und warum gehen Sie nicht?"

„Wie Majestät befehlen."

Damit ging auch ich ins Vorzimmer. Die Pfleger aber blieben zurück. Die einzige von innen nicht besetzte Tür war vom Vorzimmer aus bewacht. Dort waren eine Reihe von Gendarmen; Oberst Hellingrath, Major Steppes, Hauptmann Horn, ein Gendarmeriepremierleutnant, die Oberregierungsräte von Müller und von Koppelstätter. Ich ging vom Vorzimmer ins Arbeitszimmer des Königs und sah dort auf dem Schreibtische meinen Bericht an den König über den Prinzen Otto vom 16. Mai offen daliegen und zwar so, daß ich meine Unterschrift sehen konnte. Links vom Schreibtisch stand auf einer Staffelei ein Aquarellbild von Schwanstein, wie es nach der Vollendung hätte ausgesehen. Es war reizend. Weiter sah ich mich im Schreibzimmer nicht um. In Schwanstein sah ich nur einen einzigen lebensgroßen Schwan aus Porzellan, nicht gerade sehr schön gearbeitet.

Ich ging dann in den Korridor, sprach mit von Müller und sagte dann zu einem Lakaien, er solle mir ein Glas Wasser geben. Der Mensch brachte mir ein Glas auf silberner Platte und kroch fast auf allen vieren daher und gebrauchte den Spruch: „Der Schloßdiener Niggl gibt sich die Ehre, dem Herrn Doktor ein Glas Wasser zu bringen."

Dann, nachdem ich getrunken hatte, ging er wie ein Krebs rückwärts bis zur Türe, visierte vorher vorsichtig, damit er die Türe auch finden konnte, und verschwand dann.

Ich äußerte dem Oberregierungsrat von Müller gegenüber:

„Wenn man so etwas sieht, hat man das Gefühl, als wäre das gar kein Mensch mehr, als müsse man die Kreatur, die sich so herabwürdigen läßt, wie einen Wurm zertreten."

Ich schalte hier einen Ausspruch Guddens darüber ein:

„Wenn man die Kerle auf sich zu kriechen sieht, sieht man eigentlich nichts wie Podex."

Inzwischen war Gudden ins Schlafzimmer zurückbefohlen worden. Ich stand meist unter der Türe. Der König trank einige Gläser Wasser und ein Glas Grog. Er sprach mit den Pflegern fast immer dasselbe, wie sie heißen, warum sie nicht von den Fenstern weggehen, er wolle ausruhen, es sei doch zu unangenehm, wenn jemand im Zimmer wäre. Antwort: „Majestät, es ist uns befohlen." So fragte er Dutzende von Malen. Den Oberpfleger fragte er nichts, da dieser immer starr auf den Boden schaute. Nun sprach er wieder mit Gudden, und als er hörte, einer der Guddenschen Söhne sei am Typhus gestorben, da meinte er: „Nun, jetzt soll es nicht mehr so schlimm mit dem Typhus in München sein?" Es wäre geradezu ermüdend, den weiteren Verlauf der Unterredung zu erzählen.

Hier mag der Platz sein, wo ich zum ersten Mal mein Urteil über den König abgebe: Ich hatte ihn mir anders vorgestellt, ebenso, wie ich mir die Szene, in der er von der Erklärung, er sei krank, erfuhr, ganz anders gedacht hatte. Es ist wahr, nach den Bildern, die man in München sah, hätte man den König sofort erkannt. Er war ja noch der große, stattliche Mann mit dem mächtigen Körper, er blickte noch mit so großen Augen seine Umgebung an, aber aus diesen Augen war das Selbstbewußte geschwunden und an dessen Stelle eine deutliche Unsicherheit getreten. Er konnte gewiß bei einer Audienz noch jemand so anschauen, daß dieser verwirrt zu Boden sah, aber hier hielt er den fixierenden Blick nicht mehr aus. Seine Züge waren verschwommen, das bleiche Gesicht etwas aufgedunsen, die Sprache hastig, durch häufige Wiederholungen unterbrochen, die Bewegungen unsicher.

Ich hatte mir gedacht, daß dieser König mit seinen Ansichten von Herrscherwürde und Herrschermacht durch die Mitteilung, daß er nun nicht mehr Herrscher sei, entweder gebrochen zusammensinken würde, oder sich in wilder Explosion Luft verschaffte. Aber keines von beidem trat ein. Er war zwar anfänglich erschüttert, aber bald begann er mit denen, die er naturgemäß hassen mußte, zu verhandeln, sie auszufragen, seine Zurückgezogenheit gewissermaßen zu entschuldigen, und immer und immer wieder kamen seine Verfolgungsideen zum Vorschein, die sich in solch kleinem Kreise bewegten. Mit kurzen Worten: ich hatte mir den König noch nicht so schwer krank vorgestellt, als er es in Wirklichkeit war; darum reagierte er auch anders, als ich vorher gedacht.

Wer natürlich nur den für geisteskrank hält, der entweder in tiefer Melancholie am Boden kauert oder in wilder Tobsucht seine Umgebung bedroht oder endlich so blödsinnig geworden ist, daß er kein verständiges Wort mehr reden kann, dem können meine Feststellungen, wie und was der kranke König sprach, am Ende gar noch Zweifel verursachen; aber dann möge er daran denken, daß es auch Geisteskranke gibt, die zwar noch denken, aber falsch denken; die noch Strebungen haben, aber nur solche, die auf verkehrtem Boden wachsen und zu verkehrten Zielen führen; die endlich in einer Welt voll Argwohn und Verfolgungsangst leben, und ein solcher war der König.

Gegen 4 Uhr, als der Wagen von Hohenschwangau angekommen war, sagte Gudden: „Wenn Majestät befehlen, fortzufahren, jetzt ist der Wagen bereit."

„Ja, ja, dann fahren wir."

Nun zog der König den Überzieher an, setzte den Hut mit der Brillantagraffe auf und ging von uns begleitet hinunter in den Schloßhof, wo drei Wagen bereitstanden. Als der König mit Gudden über die Freitreppe hinabging, befürchtete ich lebhaft, daß der König Gudden hinabstoßen könnte. Es war ein Glück, daß der König durch die reichlichen Alkoholika seiner Sinne nicht mehr vollständig mächtig war. Es hätte keine große Kraftanstrengung benötigt, um Gudden auf diese Weise wenigstens momentan unschädlich zu machen. Nach längerem Hin- und Herlaufen wurde endlich eingestiegen. Der König hatte vorher noch eine längere geheime Unterredung mit dem Kammerdiener Mayr, worin er diesen, wie Mayr mir später erzählte, aufforderte, ihm Gift, womöglich Zyankali zu verschaffen. Im ersten Wagen saß ich mit Mayr und den Pflegern Braun und Schneller, im zweiten Wagen der König allein (die Olive der Wagentüre war abgeschraubt, zum Fenster hätte der König wegen seines Körperumfanges nicht herausspringen können.) Auf dem Bock saß Oberpfleger Barth, neben dem Wagen ritt ein Reitknecht, der den Auftrag hatte, ständig in den Wagen zu sehen. Sobald er etwas Verdächtiges bemerken würde, solle er rufen, daraufhin würde gehalten, und wir würden uns am Wagen des Königs versammeln. Im dritten Wagen endlich befand sich Gudden mit dem Hauptmann Horn und den Pflegern Mauder und Hack. Hintennach fuhren die beiden Oberregierungsräte, die uns in Hohenschwangau verließen. Es ist unwahr, daß der König vor dem Einsteigen eine „rührende Abschiedsrede" hielt, es war auch gar niemand da, von dem er sich hätte verabschieden sollen.

In Hohenschwangau waren wenige Leute vor den Türen, diese sahen durchaus nicht verdächtig aus. In den Relaisstationen waren je zwei Gendarmen postiert. Soweit war also alles aufs Beste vorgesehen worden. Der König machte auf dem Wege durchaus keine Störung. Es wurde in Steingaden, in Peißenberg und Seeshaupt umgespannt. Vor Seeshaupt wurde plötzlich gehalten. Als wir aus dem Wagen stürzten, sahen wir den König auf dem Weg, es war mitten im Walde, auf einen Wink Guddens drehten wir uns um. Der König ging dann mit Gudden ungefähr eine Viertelstunde spazieren, ließ dann den Kammerdiener Mayr rufen und gab ihm wieder einen Auftrag, Gift zu besorgen. Dann fuhren wir weiter.

In Seeshaupt brachte mir die Wirtin auf meinen Wunsch eine Flasche Rotwein, ich sagte ihr, sie solle auch an den hintersten Wagen gehen und die Herrn fragen, ob sie keine Wünsche hätten. Als sie am Wagen des Königs vorbeikam, schaute er zum Fenster heraus und sagte, sie solle ihm ein Glas Wasser bringen. Nachdem er getrunken hatte, sagte er dreimal: „Danke". Das war die ganze, in den Zeitungen so ausgebauschte Unterredung mit der Wirtin in Seeshaupt. Um 12 Uhr 15 kamen wir in Berg an. Im Korridor stand der Bezirksamtmann von München, v. Kobell, der König fragte mich, wer denn das sei.

Der König wurde nun in seine Zimmer im zweiten Stock begleitet.

Er hatte sein altes Wohn- und Schlafzimmer. Zwischen beiden befindet sich ein kleines Zimmerchen. Dieses war als Aufenthaltsort für die wachehaltenden Pfleger eingerichtet worden. Die beiden Türen dieses Zimmerchens, von denen die eine also ins Schlaf-, die andere ins Wohnzimmer führte, waren mit neu eingeschnittenen Gucklöchern versehen. So konnte man einen großen Teil des Zimmers von außen beobachten. Ferner waren die Türdrücker abgeschraubt worden und an deren Stelle eine Vorrichtung angebracht worden, so daß man nur mit einem dreikantigen Schlüssel zu öffnen vermochte. Es waren noch verschiedene Änderungen getroffen, die alle den Endzweck hatten, einen Flucht- und Selbstmordversuch des Kranken zu erschweren. Diese Anordnungen hatte Professor Grashey, während wir in Schwanstein waren, getroffen. Doch war durch sie ein Selbstmord nicht unmöglich gemacht, die Fenster waren nicht vergittert, mit den Scherben einer hinausgeschlagenen Scheibe konnten tiefe Verletzungen ausgeführt werden, kurz, man kann es ja auch in einer Irrenanstalt durch alle Vorsicht nicht vermeiden, daß doch irgendein Mittelchen für den Selbstmord übrigbleibt; aber wir hatten ja die scharfe Wache geübter Pfleger, und außerdem waren dies nur provisorische Maßregeln, die geplanter Weise in kürzester Zeit durch größere Sicherheitsvorkehrungen wären ersetzt worden.

Unmittelbar an das Wohnzimmer des Königs stößt das sog. Speisezimmer, ein großes Zimmer mit einer Veranda und der Aussicht auf den See. Dort wohnte ich. Der Schlüssel in der Verbindungstüre steckte auf meiner Seite, so daß also wohl ich zum König gelangen konnte, das Umgekehrte aber nicht möglich war. In diesem Zimmer standen an den Wänden rings herum zu dreien und vieren voreinander gestellt Ölgemälde, die Szenen aus den Wagneropernillustrierten. Auf einem Tische stand die große Büste des Vorbilds des Königs, Ludwigs XIV.

Von meinem Zimmer aus gelangte man durch einen schmalen Verbindungsgang, in dem sich eine Reihe von Büchern aufgestellt vorfand, in ein Erkerzimmerchen, wo ich wieder auf Szenen aus den Wagneropern stieß. Diesmal waren es kleine Theaterchen, auf denen aus Kartonpapier die Kulissen gestellt und mit winzigen Figürchen die verschiedenen Szenen nachgeahmt waren. Mein Zimmer hatte noch einen weiteren Ausgang, auf der der Veranda gegenüberliegenden Seite. Hier kam man auf einen Gang, der dem Beobachtungszimmer zwischen Schlaf- und Wohnzimmer entsprach, und von dort aus gelangte man in ein weiteres Gelaß, wo die dienstfreien Pfleger sich bereitzuhalten hatten und wo sonst eine große Anzahl von Kupferstichmappen aufbewahrt wurden.

Alle die Sicherheitsvorkehrungen, wie sie in der Zwischenzeit getroffen waren, erklärte mir Professor Grashey, als er mich durch die Räume des Schlosses führte. Dabei schilderte er, was man in der kurzen Zeit alles zu ändern gehabt habe, und meinte schließlich, das einzig Gefährliche sei ein Glockenzug im Schlafzimmer des Königs, direkt über dem Bette. Daran könne sich der Kranke ja aufzuhängen versuchen, aber die Gefahr sei nicht groß, der Glockenzug wäre mit einem elektrischen Läutwerk verbunden und wenn die Klingel ertöne, dann müsse man raschestens herzueilen. Der See bringe keine große Gefahr, denn er sei an den Ufern sehr seicht und ginge nur langsam in die Tiefe. Eine einzige Stelle, die Bedenken errege, sei durch einen Bretterzaun vom Ufer aus abgeschlossen.

Das erste, worüber sich der König, als er in sein Zimmer trat, beklagte, waren die Beobachtungslücken:
„Man kann sich ja nicht einmal waschen."
Die Antwort Mauders, daß die Pfleger nicht immer hereinschauten, tröstete scheinbar den König. Über die Fensterversicherung äußerte er sich nicht, nur einmal

meinte er, es sei doch zu unangenehm, daß die Fensterläden im Schlafzimmer immer geschlossen wären. Darauf ließ Professor Grashey diese öffnen.

Um 1 Uhr 30 ungefähr begann der König in seinem Wohnzimmer zu dinieren. Es war natürlich notwendig, auch hier einige Vorsichtsmaßregeln zu treffen; so konnte man beispielsweise die scharfen Tischmesser nicht abgeben und mußte es verhindert werden, daß der König in Alkohol exzediere. Deshalb wurden hinsichtlich des letzteren Punktes bestimmte Anordnungen getroffen, und statt der scharfen Tischmesser wurden goldene Obstmesser genommen. In Irrenanstalten ist es Sitte, daß die Tischmesser, die sich teils durch den Gebrauch mehr schärfen, als zuträglich ist, teils von den Kranken selbst absichtlich geschärft werden, von Zeit zu Zeit auf dem Schleifstein stumpf gemacht werden. Da dieses hier in der kurzen Zeit nicht mehr möglich war, so mußte man zu dem oben angegebenen Aushilfsmittel seine Zuflucht nehmen.

Der König fragte sofort, als er die stampfen Goldobstmesser sah: „Ja, das Obst kommt doch nicht am Anfang?"

„Majestät, das ist Befehl."

Nach dem Essen sprach der König noch einige Zeit mit Mauder, der ihm serviert hatte und der ihm, wie es schien, sehr gut gefiel, klagte dann über große Müdigkeit, begann sich auszukleiden und ging etwa um 3 Uhr zu Bette.

Vorher zog er die große, breite und steife schwarze Binde an, mit der unmöglich ein Erdrosselungsversuch hätte gemacht werden können, und gab dem Pfleger Mauder den Auftrag, ihn um 12 Uhr, also genau nach 9 Stunden zu wekken. Ich habe dies untersagt und ordnete an, man solle den König schlafen lassen, so lange es ihm beliebe, ich übernähme alle Verantwortung dem König gegenüber.

An diesem, wie auch am nächsten Tage soll nach Aussage Mauders der König durchaus keine Abnormitäten beim Essen gezeigt haben. Von Halluzinationen hat Mauder nichts bemerkt.

Um 4 Uhr nachmittags ertönte plötzlich die elektrische Klingel, und zwar andauernd. Der anwesende Schloßverwalter Huber erklärte sofort:

„Er hängt."

Ich dachte sofort an Grasleys Worte und lief ins Schlafzimmer des Königs. Dieser lag ganz ruhig zu Bette, ich fragte ehrerbietigst, ob Majestät irgendwelche Befehle hätten.

„Nein."

Das Rätsel löste sich bald, Huber meinte: Der Glockenzug hängt; es war nämlich früher schon häufig vorgekommen, daß durch einen raschen Zug am Seil die Versicherung aufsprang, und dann läutete es natürlich fortwährend. Wir konnten uns nur dadurch helfen, daß wir ein Holzstückchen unterlegten und damit den freien Spielraum des Hämmerchens auf Null reduzierten.

In der Nacht wurde ich noch einige Male interpelliert. Der König wollte seine Kleider haben, ich begab mich, es wird 2 Uhr gewesen sein, in sein Zimmer und sagte, der Herr Obermedizinalrat von Gudden habe mir mitgeteilt, Majestät wünschten erst am Morgen sich anzukleiden.

Endlich verlangte er wenigstens Strümpfe, die ich ihm auch sofort geben ließ. Er soll unruhig geschlafen und viel

„geträumt" haben. Im Nachttischchen befand sich ein Paar Glacehandschuhe, die der König früher beim Schlafen angezogen haben soll.

Professor Grasley und von Gudden schliefen im ersten Stock. Der Kammerdiener Mayr sollte nicht mehr zum König gehen dürfen. Es war bestimmt, daß der ganze Dienst sofort durch die Pfleger übernommen wurde. So war es möglich den Dienst peinlich genau zu überwachen und objektive Berichte zu bekommen.

Um 6 Uhr in der Frühe erhielt Mauder den Auftrag, den Waschapparat in Szene zu setzen, ein großes rundes Bekken, bis zum Rand mit warmem Wasser gefüllt, in dieses stellte sich der König und übergoß sich mit kaltem Wasser den Körper. Nachher ließ er sich von Mauder frottieren sowie ankleiden und verlangte den Mayr und den Friseur Hoppe. Mauder erklärte, beide seien nicht in Berg. Dann frisierte Mauder den König; er sollte nur ja recht kräftig die Haut des Vorderkopfes kneten und kratzen, das sei er so gewohnt. Der Scheitel stünde über der Mitte des rechten Auges; auf dem Hinterkopfe befanden sich fast gar keine Haare mehr.

Vorher noch wurden Gudden und Grashey befohlen, die der König im Bette liegend empfing und in der früher schon geschilderten Weise ausfragte.

Nun ging er ins Wohnzimmer und frühstückte reichlich und fragte dann Mauder sehr eingehend nach Gudden, nach mir und so energisch nach dem Prinzen Otto, ob er noch so viel zerschlüge, ob er sich allein wasche, daß Mauder den Eindruck hatte, der König sei über seinen kranken Bruder aufs genaueste unterrichtet. Dies ist ja auch ganz leicht erklärbar, da alle 14 Tage ein Bericht von Fürstenried abging. Nun kamen die Familienverhältnisse Mauders bis in die kleinsten Einzelheiten daran, der König äußerte die Überzeugung, Mauder sei auf Universität gewesen.

Genug davon!

Um 11 Uhr wurde Gudden zum Spaziergang befohlen und ging bis 12 Uhr 15 mit dem König im Park spazieren.

Pfleger Hack folgte auf eine Entfernung von 400 Schritt und erhielt beim Anfang des Spazierganges gleich von Gudden einen Wink, der ihn veranlaßte, den Abstand noch zu vergrößern; der Abstand wurde dadurch so groß, daß er unterwegs einige Male die Spur verlor.

Vor dem Spaziergang hatten wir zu dreien, Gudden, Grashey und ich, im Gartenpavillon noch eine lange Unterredung mit dem Stabskontrolleur Zanders. In dieser Sitzung wurde die Tagesordnung des Königs genau festgestellt. Es sollten noch zwei neue Pfleger einberufen werden. Ich wurde gefragt, wen ich als zweiten Arzt des Königs für geeignet hielte, ich schlug den Assistenzarzt der Erlanger Anstalt, Dr. Specht, vor, Gudden war vollkommen damit einverstanden. An Specht habe ich gegen Abend geschrieben.

Zum Mittagessen trafen wir uns: Gudden, Grashey, Baron Washington und ich, im sog. Kavalierbau. Es ist dies ein hart am See gelegenes Haus, welches durch einen Landengang mit dem Schloß in Verbindung steht und vier- bis fünfhundert Schritt von diesem entfernt liegt. In diesem Haus, das sich innerhalb der allgemeinen Umfassung, die den Park und das Schloß umzieht, befindet, wohnten früher die Flügeladjutanten und der Leibarzt des Königs. Jetzt war es die Wohnung des Baron Washington, dort erhielten wir unsere Post und die Zeitungen, und dort sollte der künftige Platz für das Mittag- und Abendessen des Kavaliers und des Arztes sein.

Gudden erzählte, was ihn der König alles auf dem Spaziergang ausgefragt habe, der König wolle alles bis ins kleinste Detail wissen, seine Unterhaltung biete wenig Abwechslung, denn sie drehe sich immer um dieselbe Frage, ob man ihm denn nicht nach dem Leben strebte.

Gudden meinte, der König habe sich „wunderbar gut" in seine neue Lage gefügt, er würde am Abend wieder mit dem König spazierengehen, und zwar allein, denn es sei gar keine Gefahr vorhanden, der König sei wie ein Kind.

Wir, Washington und ich, äußerten unsere Bedenken darüber, ich erklärte, ich würde niemals die Verantwortung auf mich nehmen, mit dem König allein spazieren zu gehen. Das könne sich Gudden erlauben mit seiner faszinierenden Gewalt über die Kranken, ich selbst würde es niemals wagen.

Da lachte Gudden und meinte:

„Sie Schwarzseher."

Auf einmal kam der Stabskontrolleur Zanders ganz bleich ins Zimmer und erklärte, er sei zur Audienz beim

König befohlen (2 Uhr 30). Es sei ihm schrecklich zumute, ob er denn hingehen solle?

Wahrscheinlich vermutete er, wir würden ihm abraten, aber Gudden sagte:

„Gehen Sie nur. Es ist nicht so schlimm."

Nach einer halben Stunde kam ein Pfleger und meldete mir, ich sei zur Audienz befohlen. Ich ging ins Schloß zurück und sagte dem Pfleger, daß ich auf die weiteren Befehle Seiner Majestät wartete. Daraufhin wurde ich ins Wohnzimmer des Königs befohlen. Ich war etwas über 3/4 Stunden beim König und muß offen gestehen, daß ich mehr gefragt worden bin, als in meinem Staatsexamen.

Wäre ich nicht schon durch das mir von Gudden Mitgeteilte sowie durch das Gebaren des Kranken bei unserer ersten und zweiten Anwesenheit in Schwanstein von seiner Krankheit überzeugt gewesen, so hätte ich hier Gelegenheit gehabt, meine Diagnose zu stellen. Der Kranke stand bei meinem Eintritt am Tische und musterte mich mit großen Blicken, aber er konnte es nicht ertragen, daß man ihn längere Zeit fest ansah. Während des Gespräches wurde er merklich unruhig und ging nervös auf und ab. Das Gespräch selbst war ein eigentümliches Versteckenspielen des Kranken mit dem Arzte. Man sah klar, daß es dem König nur darum zu tun war, sich zu vergewissern, ob er dem, der vor ihm stand, zutrauen könnte, daß er ihm Gift geben oder ihn sonstwie beseitigen würde. Das war ihm Hauptsache, und doch äußerte er diese Verfolgungsideen, man kann sagen, sehr vorsichtig und umkleidete sie mit einer Menge von Fragen nach alltäglichen Dingen.

„Wo haben Sie studiert?"

„In Würzburg, Majestät."

„Sie sind Irrenarzt?"

„Jawohl, Majestät."

„Sind Sie es gerne?"

„Mit Leib und Seele, Majestät."

„Sie sind bei meinem Bruder? Wie geht es ihm denn?"

„In den letzten Jahren ist keine bemerkenswerte Änderung eingetreten, Majestät."

„Nicht wahr, ebenso, wie Sie Berichte an mich gemacht haben, so schreiben Sie jetzt an den Prinzen Luitpold über mich?"

„Es ist mir noch kein diesbezüglicher Austrag zuteil geworden, Majestät."

„Nun und dann schreiben Sie, es ginge mir recht schlecht? Man freut sich doch, wenn man hört, es ginge schlechter mit mir?"

„Majestät, ich bin fest überzeugt, daß sowohl der Prinz Luitpold, wie auch das bayerische Volk nur Freude empfinden wird, wenn sie hören, daß es dem König wieder besser geht."

„Ja, es ist doch sehr leicht, einem Menschen ein Mittel in die Suppe zu schütten, daß er nimmer erwacht."

Ich gab darauf keine Antwort.

„Was gibt es denn für Schlafmittel?"

„Es gibt deren eine Reihe, Majestät: Opium, Morphium, Chloralhydrat, Bäder, Waschungen, gymnastische Übungen usw."

„Sie tragen eine Brille? Sind Sie kurzsichtig?"

„Auf dem linken Auge bin ich kurzsichtig, auf dem rechten astigmatisch, Majestät."

„Was ist das?"

„Ein Zustand, in dem die Hornhaut des Auges nur in einer bestimmten Ebene ins Auge fallende Strahlen deutlich perzipiert."

„So! So! Sie haben wohl zu viel studiert?"
„Majestät, ich mußte viel studieren, aber meine Augen waren schon auf dem Gymnasium sehr schlecht."

„Gudden sagte mir, Sie wollten meine Bibliothek ordnen?"

„Ich bin mit Vergnügen bereit, Majestät, und werde mich rasch zurecht finden."

„Können Sie französisch sprechen?"

„So viel man aus dem Gymnasium lernt, Majestät, kann ich schon. Aber das ist nicht viel. Ich kann nicht sprechen, aber ich verstehe die Sprache, wenn ich langsam lese."

„Womit haben Sie sich auf dem Gymnasium meistenteils beschäftigt?"

„Ich war stets ein großer Freund der deutschen Poesie, insbesondere der lyrischen, und habe mich
darin auch noch in den letzten Jahren weitergebildet, Majestät. Ich war auch schon verschiedentlich literarisch tätig."

„Ja, ja ... das ist hübsch ... Sie bleiben immer hier?"

„Ich werde mit einem noch zu bestimmenden Kollegen monatlich wechseln, Majestät."

„Wer ist das?"

„Es ist noch niemand ernannt, Majestät."

„Na, der wird schon ein Mittelchen wissen, mich unbemerkt aus der Welt zu schaffen."

„Majestät, ich kann für meinen zu ernennenden Kollegen, wie für mich bürgen, die Pflicht des Arztes ist es, zu heilen und zu bessern, nicht aber zu vernichten."

„Ja, ja, Ihnen traue ich, aber die anderen..."

Nun wiederholen sich die Verfolgungsideen immer und immer wieder. Der König schaute mich oftmals groß an, aber wenn ich ihn fixierte, schlug er den Blick zu Boden. Dabei war er von einer großen nervösen Unruhe, er ging im Zimmer auf und ab, stellte sich wieder vor mich hin, schaute dann zum Fenster hinaus. Auf einmal neigte er gnädig und freundlich zugleich den Kopf, ich war entlassen.

Ich ging ins Kavalierhaus zurück, traf dort noch die Herrn beim Kaffee – es war 4 Uhr – und erzählte, was mich der König alles gefragt hatte.

Daraufhin besichtigten wir ein weiteres, zum Schloß gehöriges Gebäude, das der König für die Zeit bewohnen sollte, wo die notwendigen, baulichen Änderungen im Schlosse vorgenommen würden. Professor Grashey fuhr nach München zurück.

An diesem Nachmittage schickte Gudden das bekannte Telegramm nach München: Hier geht alles wunderbar gut.

Dann ging ich in mein Zimmer ins Schloß zurück. Inzwischen hatte der König das Diner befohlen und speiste sehr intensiv und anscheinend mit außerordentlichem Appetit.

Ich saß in meinem Zimmer und schrieb Briefe, darunter einen an meinen Freund Specht. Dieser Brief ging noch mit der Abendpost ab. Gegen 6 Uhr klopfte es bei mir, ich dachte, es sei ein Pfleger, sagte Herein und schrieb, ohne mich umzudrehen, an meinem Briefe weiter. Da legte mir jemand die Hand auf die Schulter, ich schaute erstaunt auf, es war Gudden. Als ich aufspringen wollte, hielt er mich nieder: „Lassen Sie sich doch nicht stören" Dann schaute er die Wagnerbilder an, deren in meinem Zimmer mehrere Dutzend an den Wänden herumstanden, und kam endlich an den Tisch zurück.

„Wenn ich nur nicht jetzt wieder zur Audienz befohlen werde, das ewige Ausfragen ist geradezu peinigend, der König will alles bis ins Detail wissen, und dann fragt er immer noch warum."

„Da kam Mauder und meldete, der König habe von Gudden befohlen. Das war das letzte Mal, daß ich Gudden im Leben gesehen.

Der König wünschte spazieren zu gehen. Ich bestimmte den Pfleger Schneller, er solle hinterdrein gehen, obwohl Gudden mir mitgeteilt hatte (in Gegenwart Grasheys und Washingtons), daß er allein ginge.

Als die beiden, der König und Gudden, unten aus der Türe traten, sagte Gudden zu dem daneben stehenden Pfleger Mauder:

„Es geht niemand mit."

Der Pfleger meldete sich bei mir, und ich entließ ihn mit den Worten: „Es ist gut."

Im Anschluß an die Katastrophe wurden die näher beteiligten Personen noch in Schloß Berg gerichtlich vernommen. Da Mauders Aussage gerade in dem für mich so wichtigen Punkte ausstand, so wandte ich mich an das königlich bayerische Staatsministerium des Äußeren und des königlichen Hauses mit der Bitte um nachträgliche Vernehmung Mauders. meiner Bitte wurde am 1. Dezember 1886 entsprochen, und Ende Februar 1887 erhielt ich von Seiten des königlichen Ministeriums eine beglaubigte Abschrift dieser Vernehmung
zu meiner Verfügung. Ich halte es für zweckentsprechend, wenn ich dieses Protokoll im Wortlaut hier wiedergebe:

„Im Juni des heutigen Jahres habe ich auf Anordnung des Herrn Freiherrn von Redwitz, funkt. Hofmarschalls, einige Zeit zur Verfügung des Herrn Obermedizinalrat Dr. von Gudden gestanden, Seine Majestät König Ludwig II. von Hohenschwangau nach Berg mitbegleitet, machte hierauf in Berg Dienst bei Seiner Majestät dem König Ludwig und trat einige Tage nach Allerhöchst dessen

Ableben meinen Dienst in Fürstenried wieder an. Am 13. Juni desselben Jahres hatte ich bei Seiner Majestät dem König den Dienst, welchen ich morgens um 6 Uhr übernahm. Am Nachmittag von 4 Uhr 30 bis 5 Uhr 45 servierte ich Seiner Majestät dem König das Diner, während zwei weitere Pfleger Vorzimmerdienst hatten. Sie heißen Schneller und Braun, von denen der letztere, gleich mir, im Dienste Seiner Majestät des Königs Otto, damals königlichen Prinzen von Bayern stand und noch steht. Nach Beendigung des Diners erhielt ich von Seiner Majestät den Auftrag, den Herrn Obermedizinalrat Dr. von Gudden zu suchen, um den besprochenen Spaziergang, wie Majestät sich ausdrückte, zu unternehmen. Ich traf Herrn Obermedizinalrat Dr. von Gudden im Zimmer des gleichfalls dort anwesenden Herrn Dr. Müller und meldete ersterem, daß Seine Majestät den Spaziergang einzutreten wünschen. Herr Obermedizinalrat Dr. von Gudden entfernte sich hierauf sogleich, während ich aus dem Nebenzimmer den Überzieher und Regenschirm Seiner Maiestät holte. Während dem fragte mich Herr Dr. Müller, welchen Pfleger die Begleitung treffe, worauf ich erwiderte, daß am Vormittag Pfleger Hack mitgegangen sei und demnach diesmal Pfleger Schneller an die Reihe komme. Ich benachrichtigte sofort den Pfleger Schneller, daß er sich zum Mitkommen bereite und begab mich in das Wohnzimmer Seiner Majestät, des Königs, um Allerhöchst denselben anzukleiden. Seine Majestät schritt hierauf, nachdem Obermedizinalrat Dr. von Gudden erschienen war, hinaus und die Treppe des Schlosses hinab, gefolgt von mir, der ich den Regenschirm trug, und Obermedizinalrat von Gudden. Als Majestät durch die Türe ins Freie die kleine Treppe hinabgeschritten war, ersuchte mich Allerhöchst dieselbe, den Schirm zusammenzurollen und ihm zu geben. Ich tat, wie mir geheißen, überreichte Seiner Majestät, welche hiebei immer weiterschritten, den Regenschirm und kehrte gegen das Schloß zurück. Ungefähr 4 Schritte hinter dem weiterschreitenden König begegnete mir Obermedizinalrat von Gudden, welcher sich gegen mich wandte und sagte, es darf kein Pfleger mitgehen. Von Gudden blieb hiebei nicht stehen, sondern setzte seinen Weg hinter dem vorausschreitenden König fort. Die Äußerung des Herrn Obermedizinalrates wurde nicht mit sehr lauter Stimme gesprochen, so daß nach meiner Ansicht der in seinem großen Schritt weitergehende König sie nicht gehört hat. Wenigstens blickte der König nicht um, und war auch kein anderes Zeichen zu bemerken, daß Allerhöchst derselbe von dem hinter ihm erfolgenden Vorgang Kenntnis nahm. Ich begab mich hierauf sofort zu Herrn Dr. Müller, den ich in seinem Zimmer antraf und meldete ihm wörtlich, was Obermedizinalrat von Gudden mir gesagt hatte. Dr. Müller sagte hierauf: „Gut..." ohne weiteres zu sprechen. Ich erblickte in den Worten des Herrn Obermedizinalrats einen Befehl, und es kam mir kein Gedanke, daß derselbe nicht ernstlich gemeint sein könne. Ich suchte sofort den Pfleger Schneller, welcher an der Tür ins Freie, jedoch noch innerhalb des Schlosses, stand.

Ich teilte ihm den Befehl des Obermedizinalrates von Gudden mit, worauf derselbe sich wieder in die oberen Zimmer zurückbegab. Ich selbst war damit meines Dienstes ledig, blieb aber noch einige Zeit bei den übrigen Pflegern, mit denen ich auch noch aß.

Ich habe mir über meine damaligen Erlebnisse Aufzeichnungen gemacht. Ziemlich lange nach den Vorgängen in Berg hat mich Herr Dr. Müller ersucht, ihm von demjenigen Teil meiner Aufzeichnungen eine Abschrift zu machen, welche die Vorgänge vor dem Abendspaziergange des 13. Juni betreffen. Herr Dr. Müller hatte nämlich bemerkt, daß ich beim Nachtdienst öfter schrieb, und es war auf diese Weise zu seiner Kenntnis gekommen, daß ich mir solche Aufzeichnungen gemacht habe. Dem Ersuchen entsprechend, fertigte ich zwei Abschriften des bezüglichen Teiles meiner Aufschreibungen und übergab sie Herrn Dr. Müller. Weitere Unterredungen über die Sache hatte ich mit Herrn Dr. Müller nicht. Vorgelesen, genehmigt und unterzeichnet:
Brutto Mauder

Das Protokoll ist unterzeichnet von der Kommission des Staatsministeriums des königlichen Hauses und des Äußeren und die Abschrift von dem Generalsekretär desselben Ministeriums beglaubigt.
So konnte also der traurige Vorfall sich ohne Zeugen und ohne Hilfe abspielen. Guddens Worte waren ein klarer und bestimmter Befehl. Hätte ich den Befehl mißachtet und trotzdem jemanden nachgeschickt, und

hätte dann der kranke König eine Szene provoziert, so wäre die Schuld an mir gelegen, und ich hätte die schwere Verantwortung auf mich genommen, die aus der Nichtachtung eines Befehls erwuchs.

Außer diesem eben zitierten Aktenstück sind noch andere vorhanden, die in den ersten Stunden des 14. Juni durch eine von Starnberg erschienene Gerichtskommission aufgenommen wurden. Einen Teil derselben hat der Direktor der oberbayerischen Kreisirrenanstalt bereits veröffentlicht. Da dieselben aber als Bruchstücke nicht imstande sind, die Situation zu klären, so will ich die Zusätze, die zu meiner Vernehmung und zu der Baron Washingtons gehörten, hier reproduzieren.

Es heißt in meiner Vernehmung:

„Baron Washington redete demselben (von Gudden) mittags zu, er solle nicht allein mit Seiner Majestät solche Gänge unternehmen, bzw. äußerte Bedenken darüber. Dr. Gudden erwiderte indessen, seine Majestät seien vollständig ruhig, haben sich ganz in die gegenwärtige Lage gefügt, und es bestehe keine Veranlassung zu einer Überwachung auf den Spaziergängen in seiner Begleitung."

Am Schlusse von Baron Washingtons Vernehmung heißt es:

„...Das ist richtig, daß Dr. Gudden von der Liebenswürdigkeit Seiner Majestät ganz eingenommen war und voll Selbstvertrauen auf seinen Einfluß über Seine Majestät war. Dr. Gudden schien mir auch bestrebt, den Umgang Seiner Majestät mit dem Dienstpersonal zu verringern und ihn allmählich wieder dazu zu bringen, daß er den Herren seines Dienstes näher trete und sich an deren Unterhaltung gewöhne.

In diesem Sinne äußerte sich Gudden auch noch in Gegenwart des königl. Bezirksamtmannes Freih. von K. H. und ich glaube Grasheys gestern Nachmittag; er legte mir dabei nahe, selbst einmal mit Seiner Majestät allein eine Ausfahrt zu machen, und als ich mich hiegegen verwahrte und erklärte, ich würde dies nur mit Zuziehung eines Wärters tun, suchte er die von mir geäußerten Bedenken hinwegzuscherzen und als übertrieben hinzustellen."

Ich glaube, daß dem weiter nichts hinzugefügt zu werden braucht.

Der Spaziergang wurde um 6 Uhr 25 angetreten· Obwohl es leise regnete, ließ sich der König von Mauder den Regenschirm zusammenlegen. Vorher hatte er, was Mauder erst später erzählte, lange Zeit mit dem Opernglas den von Starnberg um 6 Uhr abfahrenden Dampfer beobachtet. Die beiden gingen auf dem Seewege, auf demselben Wege, den sie auch am Morgen eingeschlagen hatten. Ich schrieb noch bis 7 Uhr 30 Uhr und ging dann ins Kavalierhaus; um 8 Uhr wollten wir soupieren, und Gudden sollte bis dahin zurück sein. Gegen 8 Uhr wurde der Regen etwas intensiver. Als Gudden nun nicht zur rechten Zeit kam, begann Washington zu schimpfen; es ist doch leichtsinnig, so lange allein mit dem König im Regen spazieren zu gehen. Ich sprach noch mit Baron Washington darüber, wie unangenehm es für mich sei, daß Gudden den König an ein Maß von Freiheit gewöhne, das ich ihm doch niemals gewähren könne.

Aber ich bekam ein Gefühl von Angst. Ich ging ins Schloß zurück und schickte vielleicht 5 Minuten nach 8 Uhr erst einen Gendarmen, dann zwei weitere in den Park, um nach den beiden zu sehen. Ich selbst blieb vorläufig am Eingange des Schlosses stehen und organisierte in Gemeinschaft mit Baron Washington und dem Schloßverwalter Huber eine Durchsuchung des ganzen Parkes, sodaß bis 8 Uhr 30 nahezu das ganze Schloß, Gendarmerie und Pflegepersonal aufgeboten war, dann begann ich mit Huber selbst zu suchen, wobei wir besonders Rücksicht auf die Felsenpartie im Parke nahmen.

Aber unser Suchen blieb resultatlos und eine Patrouille kam nach der anderen zurück mit der Meldung, sie hätten nichts gefunden.

Schon um 9 Uhr erklärte ich zu Baron Washington, als ich wieder von der ersten Streife zurückgekommen war:

„Ich glaube, sie sind beide tot."

Nun folgten Stunden unbeschreiblicher Aufregung. Washington wollte nach München telegraphieren, ich zögerte immer noch und sagte, dazu geht uns die Zeit nie aus ... und erst kurz vor 10 Uhr meinte ich selbst: Jetzt wird es Zeit.

Wir gingen also ins Telegraphenbüro und gaben die ersten Telegramme nach München ab:

„Der König und Gudden am Abend spazieren gegangen. Noch nicht zurück. Der Park wird durchsucht."

Um 10 Uhr 30 entstand plötzlich eine große Schreierei, ein Schloßbediensteter brachte den Hut des Königs mit der Brillantagraffe, den er am Ufer des Sees gesunden hatte. Der Hut war vollständig durchnäßt.

Nach wenigen Minuten wurde mir gemeldet, man hätte den Hut Guddens und die beiden Röcke des Königs gleichfalls am Ufer gefunden, ebenfalls durchnäßt, und einige Schritte auf dem Trockenen lag Guddens Regenschirm.

Nun lief ich mit dem Schloßverwalter Huber hinunter an den See, wir merkten den Fischer Lidl und bestiegen ein Boot, fuhren ungefähr um 11 Uhr ab gegen Leoni zu. Wir waren noch nicht lange auf dem Wasser, da stieß Huber plötzlich einen Schrei aus und sprang ins Wasser, das ihm bis an die Brust ging. Er umklammerte einen Körper, der frei auf dem See trieb, es war der König in Hemdsärmeln.

Ein paar Schritte hinterdrein schwamm ein zweiter Körper – Gudden – ich zog ihn ans Boot, und dann ruderte Lidl gegen das Ufer zu.

Am Ufer sprangen ums einige Pfleger bei, und mit diesen hoben wir die beiden Körper ins Boot, wir standen bis zur Hüfte im Wasser. Beide waren, wie ich damals sofort erklärte, ohne Puls und ohne Atmung. Die Totenstarre war schon eingetreten. Die Uhr des Königs, die aus der Weste heraushing, war um 6 Uhr 54 stehen geblieben, es war zwischen Uhrglas und Zifferblatt Wasser eingedrungen. Der König hatte die Uhr an demselben Tage aufgezogen.

Guddens Uhr war um 8 Uhr stehen geblieben, doch zog dieser seine Uhr nur sehr selten auf, und hatte selbst keinen Uhrschlüssel in Besitz.

Wir machten nun, nachdem wir rasch die Kleider geöffnet hatten, an den beiden die üblichen Wiederbelebungsversuche, indem ich die künstliche Atmung einleitete und in den Zwischenpausen die Brust frottieren ließ. Hierbei ist es vorgekommen, daß der Pfleger Mauder mit einem Messer dem Stabskontrolleur Zaubers die Rockflügel abschnitt.

Bei den Versuchen waren beteiligt: 3 Gendarmen, 3 Pfleger, Zanders, Ritter und Huber. Am Ufer standen mehrere Stallbedienstete, die auch dem Baron Washington zuriefen, daß beide noch Lebenszeichen gegeben hätten, worauf dieser nach München telegraphierte: „Beide leben, Dr. Müller macht künstliche Einatmungen."

Wodurch diese Ansicht entstanden ist, ist mir nicht recht klar, möglich, daß bei dem Versuche, auf Pupillenreaktion ein Augendeckel etwas höher stehen blieb, als der andere, möglich, daß eine mechanisch hervorgerufene Änderung in der Körperlage als willkürliche Bewegung aufgefaßt wurde. Kurz, ich weiß es nicht. So viel war mir von vornherein sicher, daß beide schon seit Stunden tot waren, und ich machte die Wiederbelebungsversuche nur, um späteren diesbezüglichen Vorwürfen zu begegnen.

Natürlich waren alle Versuche ohne Ergebnis. Als es von Starnberg 12 Uhr schlug, erklärte ich, weitere Bemühungen seien nutzlos und konstatierte dann offiziell den Tod des Königs und seines Arztes.

Wir fuhren nun zurück in den kleinen Hafen an der Fischerhütte. Dort wurden Tragbahren geholt und dann zuerst die Leiche des Königs und dann die Guddens nach dem Schlosse getragen, um dort in zwei Eckzimmern des ersten Stockwerks aufgebahrt zu werden.

Wir mußten die Stiefel aufschneiden, desgleichen zum Teile die Kleider und ließen dann die Leichen nackt, aber mit einem Leintuch zugedeckt, bis die herbeigerufene Gerichtskommission von Starnberg ankäme. Diese erschien gegen 2 Uhr. Oberamtsrichter Jehle, Bezirksarztstellvertreter Dr. Weiß und prakt. Arzt Dr. Magg mit einem Schreiber.

Zuerst wurde der Tod des Königs, dann der Guddens konstatiert (also nun zum dritten Male). Beim König fühlte Dr. Weiß vielleicht 10 Minuten lang den Puls, er spürte immer den seinigen, wie er mir später gestand. Er hatte eben auch noch bei keinem König die Totenschau vorgenommen. Bei Gudden ging es schneller, und Dr. Weiß beendete hier seine Tätigkeit als Gerichtsarzt mit den Worten: *defunctus est.*

Während der König am Körper nirgends Verletzungen zeigte (dagegen war die Hutkrempe an einer Stelle frisch gerissen), fanden sich in Guddens Gesicht (auf Stirn und Nase) mehrere schräg verlaufende Kratzwunden und über dem rechten Auge ein blauer Fleck, herrührend jedenfalls von einem wuchtigen Faustschlag. Ferner war der vordere Teil des Nagels am rechten Mittelfinger zur Hälfte abgetrennt. Das Gesicht des Königs zeigte einen finsteren, herrschsüchtigen, fast tyrannischen Zug, Guddens Züge dagegen hatten das freundliche Lächeln beibehalten, das man ja so oft bei ihm wahrnehmen konnte.

Inzwischen hatte ich mit Baron Washington noch viel telegraphiert, auch an die Familie Gudden. Um 3 Uhr wurde ich dann vernommen und meine Aussage protokolliert. Um 4 Uhr kam Graf Törring, der erste, der unseren Telegrammen nachgekommen war. Nun wurden die Leichen feierlich aufgebahrt, mit blauseidenen Decken bis zum Kopf verhüllt und dann die Betten mit Blumen geschmückt. Im Zimmer des Königs hielten zwei Gendarmen die Totenwache, bei Gudden vier Pfleger.

Im Laufe des Morgens und Vormittags wurden nun auch die Pfleger und Diener verhört, ferner wurden die Fußspuren im See besichtigt und die Stelle durch eingerammte Fähnchen bezeichnet. (Später machte der junge Graf Törring einen Situationsplan.)

Nun kam auch Hofrat Klug, der Bezirksamtmann Kobell, Baron Malsen (der als Kavalier zum König bestimmt war), Hauptmann Horn und gegen 4 Uhr mittags die Minister außer dem Ministerpräsidenten und dem Kriegsminister. Diese nahmen nun nochmals eine Totenschau vor, dann mußte ich meine Beobachtungen dem Ministerialrat Baron Völderndorff diktieren, und Minister Crailsheim ersuchte mich, am anderen Tage ins Ministerium des Äußeren zu kommen, da ich noch ein Gutachten über den König abzugeben hätte. Dies war mir umso lieber, als ich damit einen Grund hatte, endlich wieder nach München zurückzukommen. Vorher bekam ich noch von dem Verwalter der Kreisirrenanstalt ein Telegramm, ich solle für einen Sarg für Gudden und für die Überführung der Leiche nach München sorgen. Es ist geradezu lächerlich, wenn ich daran denke, daß man mir aus München telegraphiert, ich solle dafür sorgen. Das hätte man doch von München aus viel leichter besorgen können. Ohne die gütige Mithilfe des Bezirksamtmanns v. Kobell, der an den Polizeidirektor um einen Wagen und Sarg telegraphierte und der die Anzeige beim Standesamt in Starnberg übernahm, wäre ich nicht imstande gewesen, diesem Auftrag nachzukommen.

Professor Grashey an den ich drei Telegramme geschickt hatte, gab mir keine Antwort, sondern fuhr nach Würzburg, um seine Frau, eine Tochter Guddens, zu trösten. Von der Familie Guddens und von der Anstalt sah ich in dieser traurigen Zeit überhaupt nichts. Man hatte dort weit vom Schuß den Kopf verloren.

Nachdem also auch das besorgt war und als vom Polizeidirektor die Nachricht gekommen war, daß alles richtig besorgt würde, war ich mit meiner Mission zu Ende. Ich ließ mein Gepäck herrichten, sah mir noch einmal die Leiche des Königs und die Guddens an, die von den vielen Besuchern ganz mit Blumen überschitttet waren, beurlaubte dann zwei Pfleger und ließ die zwei Prinzenpfleger bei meinem Chef zurück; sie sollten bleiben, bis der Leichenwagen ankam, und dann, wenn Platz wäre, mitfahren. (Dies war, wie ich später erfuhr, nicht der Fall, und da die armen Teufel in Berg kein Fuhrwerk bekamen, so fuhren sie mit dem ersten Zuge nach München.)

Guddens Leiche wurde auf meine Bitte von dem Kaplan von Berg ausgesegnet, und er wurde um 12 Uhr abgeholt, kam um 8 Uhr in München an.

Die königliche Leiche wurde vom Stiftsdekan Türk eingesegnet und um 9 Uhr abgeholt, nachdem vorher vom Gesicht und von der rechten Hand die Totenmaske abgenommen war.

Ich ging nun zurück in den Kavalierbau, fand dort Horn, Törring, Kobell, Washington, Malsen und den jungen Törring. Mit letzterem fuhr ich um 6 Uhr 30 mit einem Hofwagen nach Starnberg und kam ungefähr um 9 Uhr 30 in München an.

Ich traf am Bahnhof den Anstaltsverwalter, den ich von meiner Ankunft unterrichtet hatte. Dann fuhr ich in die Allgemeine Zeitung, um einige unrichtige Notizen zu rektifizieren. Damals schlug mir Dr. Braun vor, Guddens Nekrolog zu schreiben, ich lehnte ab und nannte erst Professor Winkel und dann meinen Kollegen Rehm. Den Nekrolog schrieb später Dr. Nißl.

Nachdem ich in der Alllgemeinen fertig war, fuhr ich nach Hause, wo ich mein Zimmer vollständig ausgeräumt fand, man wollte dort Guddens Leiche aufbahren, tat es später aber doch nicht.

Mein Bett war in Dr. Rehms Wohnzimmer, dort fand ich auch sämtliche Kollegen, die mich durch Bier, Wein und Zigarren noch künstlich aufrecht hielten bis 2 Uhr – ich mußte andauernd erzähle – bis ich, einfach dem Umfallen nahe, kategorisch erklärte, es sei jetzt genug.

Am andern Morgen fuhr ich ins Ministerium des Äußern, gab ein Gutachten über den König auf meinen

Sachverständigeneid bei Baron Völderndorff ab und wohnte dann der Vernehmung des Kammerdieners Mayr durch Dr. Rumpler bei.

Auf Wunsch des letzteren stellte ich noch einzelne psychiatrische Fragen an Mayr, die mit ins Protokoll aufgenommen wurden.

Am Donnerstag war ich bis zum späten Abend mit Grashey, Hagen, Hubrich und Kerschensteiner in der Kammer der Reichsräte; wir wurden aber erst gegen Ende, wie Grase meinte, zum Handkuß, zugelassen, das heißt, wir waren zuerst im Vorzimmer, dort schrieb ich eifrig Briefe, und gegen Schluß der Sitzung wurden wir gerufen, dann gab Grase ein mündliches Gutachten über den Geisteszustand des Königs ab.

Am Mittwochmittag wurde Gudden auf dem Auerkirchhof begraben. Vorher hatten ihn eine große Anzahl unserer Kranken gesehen. Die Sektion wurde, trotzdem wir Assistenten öfter daran erinnerten, nicht gemacht. In der Anstalt wurden über 100 Kränze abgegeben. Im Zuge befand sich Exzellenz Prankh mit dem Hofmarschall des Königs, Baron Redwitz, sämtliche Teilnehmer an der Tragödie. Der Schlußsatz der Rede des Pfarrers aus der Au war im vollsten Sinne wahr: Gudden ist in seinem Berufe gestorben, er starb im edelsten Sinne des Wortes für König und Vaterland.

Vom 21. bis 26. Juni waren die Landtagsverhandlungen, bei denen wir immer anwesend sein mußten. Zuerst wurden die Verhandlungen in einem Ausschuß gepflogen und waren geheim, am Samstag waren die öffentlichen Schlußsitzungen. In diesen Sitzungen wurde ein umfangreiches Aktenmaterial veröffentlicht. Briefe des Königs in ganzen Stößen, darunter auch die letzten uns betreffenden Befehle, die der König in Schwanstein geschrieben. Nach allem ist mir klar geworden, daß der König ebenso wie sein Bruder Otto an originärer Verrücktheit krankte, er war schon als Kronprinz geisteskrank. Ich gebe in diesem Falle weniger auf die mühsam aus allen Ecken und Enden hervorgesuchten Halluzinationen, sondern für mich war der Mangel an jeglichem moralischen Gefühl, die oftmals Tage andauernde Ratlosigkeit, die Verschwendungssucht, das unstete Wesen, der Hang zur Einsamkeit und der gravierend zunehmende Schwachsinn überzeugend. Ich sage: Ja – der König litt *an folie morale, moral insanity*, an moralischem Irresein.

Was Professor Hagen darunter versteht, wenn er sagt, des Königs Kranksein war ein Gemisch von Verrücktheit, Tollheit und Narrheit, das weiß ich nicht, mir scheint es, als wären dies drei verschiedene Worte für den gleichen Begriff.

Bezüglich des Königs hatte ich nur zu erzählen, wie die Ereignisse des letzten Abends sich abspielten. Es fragte mich Dr. Orterer, mit der Motivierung, in den Zeitungen sei das nicht klar; dabei hatte er vor sich das Fremdenblatt liegen. Hätte er die Allgemeine Zeitung angesehen, hätte er nicht zu fragen brauchen.

Bezüglich des Verlaufes der Verhandlungen ist mir eines sehr unangenehm aufgefallen: Man hatte es anscheinend absichtlich vermieden, die Rede auf die sexuellen Exzesse des Königs zu bringen. Ich selbst habe die Überzeugung, daß der König in diesem Punkte so wenig gesündigt hat wie sein Bruder Otto, dem man ja auch alles Mögliche nachgeredet hat. Ich weiß, daß das auch Guddens Ansicht war...

Über den Prinzen Otto gab ich ein kurzes, mündliches Gutachten ab; dann wurde eine Krankengeschichte, die vom Juni 1878 bis Mai 1886 geht und von mir im Mai 1886 fertiggestellt worden war, verlesen...

Mit der Schlußsitzung am Samstag abend war meine Tätigkeit in dieser Tragödie zu Ende, anderen Tages fuhr ich nach Würzburg in Urlaub.